Meerschweinchen verstehen leicht gemacht

Im Gänsemarsch

Am liebsten sind Meerschweinchen im Gänsemarsch unterwegs. So weiß jeder, wo sein Vorder- und Hintermann gerade ist, und die Gruppe bleibt – vor allem in unübersichtlichem Gelände – immer zusammen.

Hoch hinaus

Meerschweinchen haben gerne einen guten Überblick. Dafür suchen sich die Tiere – vor allem die ranghöheren – einen erhöhten Aussichtspunkt, wo sie alles im Blick behalten können.

Von wegen „Dreckschweinchen"

Was man – zu Unrecht – den Schweinen nachsagt, trifft auf Meerschweinchen erst recht nicht zu: Sie sind kein bisschen schmutzig, sondern extrem reinliche Tiere, die einen großen Teil des Tages der Fellpflege widmen. Allein oder noch viel lieber gegenseitig in der Gruppe.

Wir gehören zusammen

Meerschweinchen sind Gruppentiere, deshalb sollten es immer mindestens zwei sein! Der ständige Stimm- und Körperkontakt ist für Meerschweinchen fast genauso wichtig wie das tägliche Futter.

Liebe geht durch den Magen

Meerschweinchen müssen ständig futtern! Nicht, weil sie besonders verfressen sind, sondern weil ihr Verdauungssystem das verlangt. Es funktioniert nur, wenn sie über den ganzen Tag verteilt immer wieder kleine Portionen naschen – am besten viel frisches Heu, Obst und Gemüse.

Traumtänzer

Meerschweinchen sind ausgesprochene Kurzschläfer: Über den Tag verteilt machen sie viele kurze Nickerchen von nur wenigen Minuten. Wenn sie in den Tiefschlaf fallen, liegen sie ganz entspannt auf der Seite. Im Traum zucken sie oft mit den Beinen oder dem ganzen Körper.

Höhlenbewohner

Meerschweinchen sind Höhlenbewohner. Wenn sie sich unsicher fühlen – aber auch zum Schlafen – brauchen sie unbedingt eine Rückzugsmöglichkeit. Ein Schlafhäuschen oder eine Korkröhre ist genau das Richtige dafür.

Achtung, jetzt komm ich

Meerschweinchen sind zwar sehr friedliche Tiere, doch auch unter ihnen kommt es ab und zu zu Meinungsverschiedenheiten. Bevor sie jedoch „pfotengreiflich“ werden, versuchen sie, ihren Konflikt mit viel Imponiergehabe und Scheinkämpfen zu lösen.

Ganz schön neugierig

Meerschweinchen sind zwar sehr vorsichtig, doch wenn sie einmal Vertrauen gefasst haben, können sie auch furchtbar neugierig werden. Dann macht es ihnen Spaß – am liebsten mit dem besten Kumpel – alles Neue genau zu erkunden.

Inhalt

1

2

Ernähren und pflegen 28

3

Verstehen und beschäftigen 52

Service 70

1

Kaufen und versorgen

Was raschelt im Gras?

Ausflug zu den wilden Verwandten

So sehen sie aus, die wilden Verwandten der Hausmeerschweinchen.

Anden, Südamerika. Es ist früh am Morgen. Über der weiten Grassteppe kreist ein einzelner Vogel. Sonst ist es still. Still? Nein, wenn wir unsere Ohren spitzen, hören wir ein leises Rascheln und sanfte, nie verstummende Glückslaute. Nun schauen wir genauer hin: Das hohe Gras ist von einem wahren Labyrinth von Trampelpfaden durchzogen. Wer mag sie angelegt haben? Endlich sehen wir die Urheber: Wilde Meerschweinchen!

Schweinchen im Gänsemarsch

Sie kommen im Gänsemarsch angetrippelt, vorne und hinten die Großen, die Jungen gut geschützt in der Mitte. Mit ihren glucksenden Lauten halten sie ständig Stimmkontakt, denn sehen kann man im dichten Gras nicht viel. Die Meerschweinchensippe – es sind an die 20 Tiere – ist auf dem Weg zu einem ihrer Weideplätze.
Dort angekommen, fangen sie genüsslich an zu futtern. Sie lieben frisches Gras und Kräuter, aber auch vor trockenen Halmen machen sie nicht Halt. Besondere Leckerbissen sind Knospen, Blüten, Früchte und Samen, aber auch Rinden und frische Zweige der seltenen Bäume und Sträucher.
Und während die ganze Sippe ihr Frühstück einnimmt, hält reihum immer einer Wache.

Meerschweinchen sind gerne im Gänsemarsch unterwegs – ein Erbe ihrer wildlebenden Vorfahren.

Meerschweinchen sind Höhlenbewohner und lieben alles, in das man hineinkriechen kann.

Gefahr im Verzug

Doch wie das so ist bei gespannten Beobachtern: Wir machen eine unvorsichtige Bewegung, ein ungewolltes Geräusch. Der „Wachhabende" stößt einen lauten, durchdringenden Warnpfiff aus und in Sekundenschnelle ist die ganze Sippe wie vom Erdboden verschwunden. Entlang ihres weit verzweigten Wegenetzes haben sie zahllose Schlupfwinkel, in die sie sich bei Gefahr zurückziehen. Und wie für uns neugierige Beobachter werden sie auf diese Weise auch für hungrige Feinde unsichtbar. Eine kluge Überlebensstrategie, wenn man klein ist, im hohen Gras schlecht sieht und sich auch nicht wehren kann.

Höhlenbewohner

Doch schon nach kurzer Zeit wagen die ersten einen vorsichtigen Blick aus ihrem Versteck. Nach und nach tauchen alle wieder auf und „besprechen" mit aufgeregtem Glucksen, Fiepen, Gurren und Grunzen das eben Geschehene. Dann sind sich alle einig: Zurück geht es im Gänsemarsch in den schützenden Bau. Wo sie keine natürlichen Höhlen finden, leben sie auch in verlassenen Erdbauten anderer Tiere – nur selber buddeln können sie kaum. Aus dem frühen Morgen ist Vormittag geworden. Die hellen Stunden des Tages, in denen viele Fressfeinde unterwegs sind, verbringt die Meerschweinchensippe – mal wach, mal schlafend – im und nahe beim schützenden Bau.

Dämmerungsaktiv

Erst wenn die Dämmerung hereinbricht, macht sich die Kolonie wieder im Gänsemarsch auf den Weg. Jetzt sind die meisten Feinde weg und sie können in Ruhe zu den Weideplätzen.

Familienstreitigkeiten

Doch nicht immer ist das Leben in der Meerschweinchensippe so friedlich. So eine Sippe ist wie ein kleiner Harem, in dem ein Alpha-Männchen mit seinen Weibchen und deren Jungtieren zusammenlebt. Wenn die jungen Böckchen geschlechtsreif werden, kann der Alpha-Bock sie nicht mehr dulden. Er vertreibt sie – doch selten gehen sie freiwillig: Besonders die kräftigeren Männchen versuchen, ihrem Vater den Harem streitig zu machen. Dabei kann es zu heftigen Kämpfen – unter Einsatz der scharfen Nagezähne – kommen. Der Schwächere muss gehen.

Meerschweinchen zoologisch

→ **Ordnung:** Nagetiere (Rodentia)
→ **Unterordnung:** Meerschweinchenverwandte (Caviomorpha)
→ **Familie:** Meerschweinchen (Caviidae)
→ **Unterfamilie:** Eigentliche Meerschweinchen mit vier Gattungen: *Cavia*, *Galea*, *Microcavia* und *Kerodon*.

Das Hausmeerschweinchen (*Cavia aperea f. porcellus* Linné 1758, treffend mit Höhlenschweinchen übersetzt) stammt vom Wildmeerschweinchen *Cavia aperea tschudii* Fitzinger 1855 ab. Ob die Meerschweinchen wirklich zur Ordnung der Nagetiere zählen, ist bis heute nicht endgültig geklärt.

Schweinchen aus Übersee

Wie die Meerlis zu uns kamen

In der Wildnis hätte ein Meerli mit so hellem Fell kaum eine Überlebenschance gehabt.

Die direkten Vorfahren der Hausmeerschweinchen

Die ursprüngliche Heimat der Meerschweinchen, oder besser ihrer direkten Vorfahren, ist also Südamerika. Das Verbreitungsgebiet der Wildmeerschweinchen (*Cavia aparea tschudii*), von denen unsere „Hausmeerschweinchen" direkt abstammen, ist dabei auf ein recht kleines Gebiet in den Anden begrenzt. Zum engeren Verwandtenkreis zählen außerdem die Art *Cavia aparea*, der Felsenmoko, das Südliche Meerscheinchen und das Wieselmeerschweinchen.

Mara, Pampashase und Wasserschwein

Zu den entfernteren Verwandten gehören die Maras oder Pampashasen, die tatsächlich viel mehr an Hasen als an Meerschweinchen erinnern. In vielen Zoos können Sie diese beiden Arten bewundern. Auch das Wasserschwein oder Capybara ist mit unseren Meerschweinchen verwandt – was man auf den ersten Blick sicher nicht glauben möchte: Die Wasserschweine zählen zu den größten Nagerarten überhaupt und werden bis zu 50 kg schwer und bis zu 1,30 m lang.

Und zuletzt sei auch noch der Baumstachler genannt: Er macht seinem Namen alle Ehre, da bei diesem Baumbewohner Körper- und Schwanzhaare teilweise in wehrhafte Stacheln umgewandelt sind.

Vom Wildtier zum Haustier

Schon seit etwa 40 Millionen Jahren bevölkern Meerschweinchen und ihre Verwandten die Erde. Doch als Haustiere werden sie noch nicht so lange gehalten. Zunächst hielten sie sich – seit vor etwa 10.000 Jahren – eher zufällig in der Nähe der Menschen auf. Und die Menschen damals entdeckten, auch eher zufällig, dass sich diese Tiere gut zum Verzehr eigneten. So fingen sie an, Meerschweinchen gezielt zu vermehren, um ihren Speiseplan zu bereichern. Sicher ist, dass Indios in Mittelchile bereits seit etwa 1200 v. Chr. Wildmeerschweinchen als Fleischlieferanten und als Opfertiere züchteten. Auch heute noch findet man auf Märkten in Südamerika Meerschweinchen als Nahrungsmittel angeboten.

Reise übers Meer

Vor etwa 450 Jahren machten sich die Meerschweinchen auf ihre Reise übers Meer nach Europa. Seefahrer brachten sie mit – ob zur Bereicherung der europäischen Küche, als fremdländische Attraktion oder als „Spielzeug" für die Kinder, weiß heute keiner mehr. Man weiß aber, dass sich die Zoologen schon bald für sie interessierten. Der Wissenschaftler Konrad Gesner schrieb bereits 1554 über „das indische Kaninchen oder Schweinchen". Und auch in Brehms „Illustriertes Thierleben" von 1875 liest man schon eine sehr genaue Beschreibung der Meerschweinchen.

Liebenswürdig, pfiffig, frech: Wer könnte diesen Blicken widerstehen?

Vom Haustier zum Kuscheltier

Was mit den allerersten Meerschweinchen geschah, die die Seefahrer aus Südamerika mitbrachten, ist nicht sicher. Sicher ist aber, dass um 1670 Meerschweinchen von holländischen Kaufleuten für ihre Kinder mitgebracht wurden. Und kaum zehn Jahre später wurden sie gezielt gezüchtet und teuer verkauft. Aber wie Meerschweinchen so sind: Sie vermehrten sich rasch und der Handel wurde uninteressant. Doch genau damit begann der Siegeszug in die Herzen vieler Menschen: Meerschweinchen waren nun günstig zu haben, ließen sich recht einfach halten und gehören seither zu den beliebtesten Heimtieren.

→ Was der Name verrät

Warum heißen Meerschweinchen Meerschweinchen? Seefahrer brachten sie mit übers Meer. Sie haben eine ähnlich stämmige Figur wie Schweine und können fast genauso gut wie diese quieken. Im Englischen hießen sie „Guinea Pig“: Das Schweinchen, das für eine Guinee (Goldmünze) zu haben war. Die Franzosen nennen es „Cochon d’Inde“, Schweinchen aus Indien – man dachte ja zunächst, Kolumbus hätte den Seeweg nach Indien und nicht Amerika entdeckt.

Meerschweinchen eroberten die Herzen von Groß und Klein im Sturm.

Wuschelig und bunt gescheckt

Die schönsten Meerschweinchenrassen

Die unterschiedlichsten Farbschattierungen sind das Ergebnis gezielter Zucht. Hier ein cremefarbenes Glatthaar-Meerschweinchen.

Ein Blick in jede Zoofachhandlung zeigt: Meerschweinchen gibt es in fast allen Variationen. Einfarbig oder gescheckt, langhaarig oder kurzhaarig, mit glattem Haar oder vielen lustigen Wirbeln. Viele davon sind sicher zufällige Launen einer wilden Meerschweinchenliebe. Aber es gibt auch Rassetiere, die nach einem vorgegebenen Standard gezüchtet wurden, ganz bestimmte Merkmale aufweisen müssen und vielleicht sogar Preise gewonnen haben.

Was ist ein Rassemeerschweinchen?

Rassemeerschweinchen müssen ganz bestimmte, in einem Standard festgelegte Merkmale zeigen. Der Standard schreibt vor, wie groß und schwer die Tiere sein dürfen, wie ihr Körperbau auszusehen hat und – das wichtigste Unterscheidungsmerkmal für die verschiedenen Rassen – welche Farbe und Struktur das Fell haben soll.

Von Alpaca, Sheltie, Rex und Co.

Die korrekte Beschreibung aller Meerschweinchenrassen ist fast schon eine Wissenschaft für sich. Züchter unterscheiden unterschiedlichste Farbschläge, Zeichnungsarten und Haarstrukturen. Der Laie kann am ehesten die verschiedenen Fellarten unterscheiden, deshalb finden Sie hier nur eine stichwortartige Aufstellung der häufigsten Fellvarianten, die es natürlich in allen möglichen Farben und Zeichnungen gibt. Einen ausführlichen Meerschweinchen-Standard bekommt man z. B. bei den Meerschweinchenfreunden Deutschland e.V., die Adresse finden Sie im Serviceteil (siehe S. 72).

Alpaca
Lockiges, langes Fell mit Pony und zwei Hüftrosetten.

Coronet
Glattes, langes Fell mit Stirnrosette.

Crested
Glattes, kurzes Fell mit Krone (Schopf, Wirbel) auf dem Kopf. Tiere mit weißer Rosette heißen Amerikanisch Crested, bei Englisch Crested hat die Rosette die gleiche Farbe wie das übrige Fell.

Glatthaar
Kurzes, glattes Fell; es gibt sie einfarbig, zweifarbig (Holländer), dreifarbig und mehrfarbig.

Merino
Lockiges, langes Fell mit Stirnrosette

Peruaner
Langes Fell mit Pony und zwei Hüftrosetten

Rex
Die kurzen Haare sind gekräuselt, dadurch federelastisch, 2 cm lang, sehr dicht und stehen senkrecht ab. Auch Teddy genannt.

Rosetten
Mindestens acht Wirbel sind über das kurze Fell verteilt. Das Haar ist 3,5 cm lang, fest und harsch. Auch Abessijn genannt.

Satin
Glattes, kurzes Fell, das intensiv glänzt. Satin-Meerschweinchen dürfen niemals untereinander verpaart werden!

Sheltie
Bis zu 45 cm lange, glatte, wirbellose Haare. Am Kopf sind die Haare kurz (kein Pony). Auch Peruanisches Seidentier genannt.

Texel
Langes, dichtes, lockiges Fell. Am Kopf ist das Haar kürzer.

Rosetten-Meerschweinchen

Dreifarbiges Crested-Meerschweinchen

Graumeliertes Rex-Meerschweinchen

Rot-weißer Peruaner

Coronet-Meerschweinchen

Zweifarbiges Texel-Meerschweinchen

Teddy-Meerschweinchen

Nimm zwei

Die optimale Meerschweinchen-WG

Meerschweinchen fühlen sich in der Gruppe am wohlsten.

Meerschweinchen sind sehr soziale Tiere und fühlen sich nur unter Artgenossen wohl. Für alle Meerschweinchen-Fans heißt das: Es müssen immer mindestens zwei sein! Die Haltung eines einzelnen Tieres ist nicht artgerecht. Auch bei liebevollster Pflege kann der Mensch nie einen Meerschwein-Kumpel ersetzen!

Wer passt zu wem?

Beachtet man einige Voraussetzungen – vor allem die Platzfrage (siehe S. 18) und die Eingewöhnung –, dann lassen sich zwei oder auch mehrere Tiere in jeder beliebigen Geschlechterkombination halten.

Zwei Weibchen leben meist von Anfang an friedlich zusammen.

Weibchen und Weibchen

Am besten vertragen sich meist zwei Weibchen. In einer Weibchengruppe ist die Rangordnung oft schnell hergestellt, und dem friedlichen Zusammenleben steht fast nichts mehr im Wege.

Eine Frage des Alters

Empfehlenswert ist die Haltung zweier unterschiedlich alter Weibchen. In einer Meerschweinchen-Familie werden die Kleinen mit drei bis vier Wochen erzogen. Nimmt man zwei gleich alte, sehr junge Weibchen zu sich, die diese Erziehung noch nicht genossen und somit kein korrektes Sozialverhalten gelernt haben, kann es im Alter von fünf bis sieben Monaten zu heftigen Auseinandersetzungen kommen. Ist eines der Tiere älter, kann es das jüngere „nacherziehen".

Streit unter Weibchen

Kommt es über längere Zeit zu heftigen Streitereien, kann es helfen, ein kastriertes Männchen dazuzusetzen. In einer Meerschweinchengruppe bildet sich immer eine Hierarchie aus, wobei die Männchen dominieren. Kleinere Streitereien oder Kabbeleien sind normal, bis die Rangordnung feststeht.

Eins, zwei, viele? Das passiert Ihnen in einer reinen Weibchen- oder Böckchen-WG nicht.

Männchen und Männchen

Entgegen verbreiteter Vorurteile vertragen sich auch mehrere Männchen. Voraussetzung: Sie müssen entweder noch vor der Geschlechtsreife kastriert werden (es gibt solche Tiere zu kaufen) oder schon von klein auf zusammenleben. Dann sollten sie aber noch nie gedeckt haben und es dürfen keine Weibchen mit unter einem Dach leben.

Männchen und Weibchen

Natürlich vertragen sich Männchen und Weibchen prächtig! Nur ist da die Sache mit dem Nachwuchs, den man als Meerschweinchen-Halter in den meisten Fällen nicht möchte. Deshalb muss das Böckchen unbedingt schon vor der Geschlechtsreife kastriert werden. Denn ab einem Gewicht von 300 g – also mit etwa vier Wochen – können Böckchen bereits geschlechtsreif werden. Eine solche Frühkastration hat den Vorteil, dass das Männchen gleich wieder zu dem oder den Weibchen darf, ohne eine Karenzzeit von mindestens fünf Wochen einzuhalten, wie es nach der Kastration eines geschlechtsreifen Böckchens nötig wird.

Kennen lernen

Wenn Sie sich für zwei Tiere entschieden haben, die nicht schon beim Züchter, im Zoofachhandel oder im Tierheim ein Gehege miteinander teilten, müssen sich die beiden nun erst einmal vorsichtig kennen lernen. Mit ein paar Tricks klappt das ganz leicht: Bestäuben Sie beide Meerschweinchen mit Trockenpflegepuder, um den Eigengeruch etwas zu überdecken. Dann tragen Sie sie, Hinterteil an Hinterteil, auf dem Arm in neutrales Gelände. Dort können die beiden beim Freilauf ersten Kontakt aufnehmen. Lassen Sie die Tiere einfach machen – Meerschweinchen wissen am besten, wie man sich auf Meerschweinchenart kennen lernt. Greifen Sie nur ein, wenn sich die Tiere heftig attackieren. Bei älteren Tieren kann es nötig werden, sie erst durch ein Gitter zu trennen, damit sie sich zunächst nur sehen, hören und riechen und so erst einmal langsam kennen lernen können.

Meerschweinchen lernen sich kennen, indem sie sich ausgiebig an Vorder- und Hinterteil beschnuppern.

Tipp

Meerschweinchen und Zwergkaninchen

Lange wurde empfohlen – wohl hauptsächlich aus Angst vor ungewolltem Nachwuchs –, ein Meerschweinchen zusammen mit einem Zwergkaninchen zu halten. Aus heutiger Sicht raten wir dringend davon ab! Die beiden Arten haben ein ganz unterschiedliches Verhalten und können nicht miteinander kommunizieren. Das Kaninchen ist dem Meerschweinchen körperlich überlegen, deshalb wird das Schweinchen oft attackiert, zieht immer den Kürzeren und steht unter Dauerstress. Für beide Tierarten ist das keine artgerechte Haltung!

Richtig aussuchen

So finden Sie gesunde Meerschweinchen

Test

Sind Sie Meerschweinchen-fit?

Die folgenden Fragen sollten Sie in Ruhe bedenken und nach bestem Wissen und Gewissen beantworten.

- [ ] **Habe ich genügend Zeit und bin ich bereit, Tag für Tag für die Meerschweinchen zu sorgen, und das ihr Leben lang? (Meerschweinchen können 6 bis 8 Jahre alt werden.)**
- [ ] **Habe ich genügend Platz in der Wohnung für einen großen Käfig und vielleicht sogar ein Stückchen Rasen, um ihnen Freilauf zu gewähren?**
- [ ] **Bin ich bereit, für alle Unkosten aufzukommen, nicht nur für das Futter und die Streu, sondern auch für die eventuell anfallenden Tierarztbesuche?**
- [ ] **Sind meine Kinder schon alt genug, um sich selbstständig um die Meerschweinchen zu kümmern (ab etwa sechs bis acht Jahren), oder muss ich diese Aufgabe übernehmen?**
- [ ] **Reagiert keins der Familienmitglieder allergisch auf die Tierhaare?**
- [ ] **Habe ich Freunde oder Bekannte, die sich während meines Urlaubs gern um die Schweinchen kümmern und diese zuverlässig versorgen?**

Haben Sie alle Fragen mit „Ja" beantwortet?
Prima, dann sind Sie reif für die Meerschweinchen.

Was bevorzugen Sie? Ein bunt geschecktes, wuscheliges Fellknäuel oder lieber ein einfarbiges mit glattem, glänzendem Haar? Wie Ihre Meerschweinchen aussehen sollen, bleibt Ihren Vorlieben überlassen. Wichtig ist, das sie gesund sind. Lassen Sie sich Zeit und wählen Sie Ihre Tiere mit Bedacht aus.

Wo gibt es Meerschweinchen?

Es gibt mehrere Möglichkeiten, wo man Meerschweinchen bekommen kann. Fast jede Zoofachhandlung bietet diese Tiere an. Auch beim Züchter bekommen Sie Meerschweinchen – hier sind es oft sogar Rassetiere. Vielleicht haben Nachbarn oder Freunde unerwarteten Meerschweinchen-Nachwuchs, der eine neue Bleibe sucht. Und auch in Tierheimen und bei Tierschutzorganisationen warten viele Meerlis auf ein neues, liebevolles Zuhause. Schauen Sie sich um!

Männchen und Weibchen getrennt

Achten Sie beim Kauf darauf, dass die Tiere rechtzeitig nach Geschlechtern getrennt wurden. Sonst ist die Wahrscheinlichkeit sehr hoch, dass Sie ein oder gar zwei bereits trächtige Weibchen mit nach Hause nehmen – und damit bald eine ganze Sippe beherbergen. Wie man Männchen und Weibchen unterscheidet, lesen Sie auf S. 49.

Gesunde Meerschweinchen …

- kauft man nur aus Boxen, in denen sie nach Geschlechtern getrennt gehalten werden.
- haben einen mollig runden, aber nicht fetten Körper. Sie sind kompakt und wohlgeformt, dürfen aber auch nicht zu mager sein.
- kann man ab einem Gewicht von etwa 500 g (das entspricht einem Alter von acht Wochen) zu sich nehmen.
- haben klare, möglichst große und dunkle Augen, die lebhaft glänzen. Sie dürfen weder tränen noch entzündet sein. Die Lidränder sind weder verkrustet, verklebt noch geschwollen.
- haben an Nase, Ohren und Lippen keine Verkrustungen.
- atmen weder hechelnd noch röchelnd.
- sind weder aufgebläht noch haben sie einen harten Bauch.
- haben ein Gebiss ohne Anomalien und speicheln nicht. Die Zähne sind horizontal gleichmäßig und gerade abgenutzt.
- sind am Po sauber und ohne Verklebungen. Sie dürfen keinen Durchfall haben.
- haben ein dichtes, glänzendes Fell ohne Parasiten. Die Haut zeigt weder Pusteln noch Schrunden und die Tiere leiden nicht unter andauerndem Juckreiz.
- riechen nach frischem Heu und sauberer Einstreu.
- bewegen sich flink, locker und frei ohne zu hinken oder zu lahmen. Die Beine sind nicht geschwollen, die Pfoten sind unverletzt.

Nicht zu jung

Ein Jungtier sollte mindestens 500 g wiegen, bevor es in sein neues Zuhause übersiedelt. Dann ist es etwa acht Wochen alt, futterfest – das heißt, es kann alles fressen und verträgt es auch – und konnte sein Sozialverhalten entwickeln. Leichtere und damit jüngere Tiere sollten Sie nicht zu sich nehmen.

Machen Sie den Gesundheits-Check

Egal wo Sie Ihre Meerschweinchen erstehen – bevor Sie sie mit nach Hause nehmen, sollten Sie diese ausführlich unter die Lupe nehmen. Die Checkliste rechts wird Ihnen helfen, ein gesundes von einem kranken Meerschweinchen zu unterscheiden.

Gut überlegen

Auch wenn Meerschweinchen noch so niedlich sind, lassen Sie sich auf keinen Fall zu einem Spontankauf hinreißen – auch nicht für Ihre Kinder und auch nicht einfach als Geschenk!

Bevor Sie sich für Meerschweinchen entscheiden, sollten Sie sich sicher sein, dass Sie die Verantwortung für die Tiere für mindestens sechs bis acht Jahre tragen wollen – Tag für Tag. Wenn Sie sich auf die Tiere einlassen und viel Zeit mit ihnen verbringen, macht diese „Aufgabe“ richtig Spaß.

Tipp

Umzug ins neue Zuhause

Für den Nachhausweg kommen die Meerschweinchen in eine spezielle Transportbox. In ihr ist es dunkel, so dass die Tiere den Heimweg ohne Panik überstehen. Transportieren Sie die Box möglichst ruhig und erschütterungsfrei. Es darf in der Box weder zu heiß werden (im Auto im Sommer!), noch dürfen die Tiere Nässe, Kälte oder Zugluft ausgesetzt werden.

Schöner wohnen

Das ideale Meerschweinchenheim

Das Meerschweinchenheim und die komplette Ausstattung besorgen Sie am besten schon einige Tage bevor die Tiere ins Haus kommen. Dann haben Sie genügend Zeit, alles herzurichten, und können sich am „Umzugstag" ganz den Meerschweinchen widmen.

Auf die Größe kommt es an

Wenn Sie eine Zoofachhandlung besuchen, werden Sie sehen: Ställe für Meerschweinchen oder Kaninchen gibt es in Hülle und Fülle und in fast allen erdenklichen Formen und Farben. Und welcher würde Ihren Meerschweinchen am besten gefallen? Ganz klar: der Größte! Wählen Sie also das Nagerheim aus, das die größten Ausmaße aufweist – das sind in der Regel Kaninchenheime. Als Mindestgröße für zwei Tiere ist eine Grundfläche von 120 x 60 cm nötig. Je mehr Tiere Sie halten wollen, desto größer muss auch der Stall sein. Und auch bei einer Mindestlänge von 120 cm müssen Sie sicherstellen, dass die Meerschweinchen ihren Bewegungsdrang bei täglich mehrstündigem Auslauf abreagieren können.

Für das Meerschweinchenheim gilt: So groß wie möglich! Doch auch der größte Käfig kann regelmäßigen Freilauf nicht ersetzen.

Eingang vorne

Meerschweinchen sind von Natur aus friedliche Fluchttiere. Sie reagieren – vor allem anfangs – scheu und schreckhaft und können leicht in Panik geraten, ganz besonders, wenn sich etwas Großes, Dunkles von oben nähert und auch noch nach ihnen greift. Das genetische Programm der Meerschweinchen meldet dann nämlich „Fressfeind! Nichts wie weg!" – auch wenn es nur Ihre Hand ist, die es streicheln will. Aus diesem Grund sollte der Ein- und Ausstieg des Käfigs an der Vorderseite liegen, so dass Sie immer von vorne und nie von oben nach den Tieren greifen können.

Aus zwei Teilen

Die meisten Meerschweinchenheime bestehen aus zwei Teilen: einer Bodenschale mit möglichst hohem Rand – so fällt weniger Einstreu heraus – und dem Gitteraufsatz, der mit Klammern an der Schale befestigt wird. Das ist vor allem für die regelmäßige Reinigung sehr praktisch und das Oberteil kann auch für einen kurzen Aufenthalt im Garten genutzt werden (siehe S. 24).

Meerschweinchen-Maisonette
Sehr empfehlenswert sind Meerschweinchen-Heime, die groß und hoch genug sind, um eine zweite Ebene einzuziehen (es gibt sie auch schon fertig zu kaufen), die die Tiere über eine kleine Rampe erreichen. So kann man auf ganz einfach Art und Weise die Grundfläche vergrößern und Platz schaffen für ein zweites Schlafhäuschen und ein bisschen mehr Bewegungsfreiheit. Mit etwas handwerklichem Geschick können Sie auch selbst ein Meerschweinchenheim bauen. Im Internet finden Sie eine große Auswahl an Bauanleitungen für kleine Meerschwein-Villen.

Holzspäne oder Strohpellets
In Zoofachhandel werden grobe Holzspäne als so genannte Kleintierstreu angeboten. Sie eignen sich sehr gut als Einstreu für Meerschweinchen. Allerdings hat diese Streu den kleinen Nachteil, dass sie gerne im Fell hängen bleibt und beim Rennen und Spielen schnell aus dem Käfig fliegt. Abhilfe kann da klein gehäckseltes Stroh schaffen, das man in einer dünnen Schicht über die Einstreu gibt. Ebenfalls gut geeignet sind Strohpellets. Sie wirken zwar etwas grob, werden aber nach kurzer Zeit zu einer weichen Schicht zertreten, die sehr saugfähig und auch geruchsbindend ist.

Richten Sie den Käfig her, bevor Sie die Meerschweinchen kaufen. So können die Tiere am Umzugstag gleich ihr neues Zuhause inspizieren.

Die Einstreu
Absolute Sauberkeit und Trockenheit sind wichtig. Deshalb muss die Einstreu saugfähig und geruchsbindend sein. Verwenden Sie Naturprodukte ohne chemische Zusätze, die kompostierbar sind. Auf keinen Fall darf die Streu stauben (Schleimhautreizungen!) oder gar kleben (der Blinddarmkot könnte nicht aufgenommen werden und sie würde im Fell hängen bleiben).

→ Ungeeignete Einstreu
Ausschließlich Heu ist als Einstreu nicht geeignet, weil es auch in verschmutztem Zustand gefressen wird. Völlig ungeeignet, weil gesundheitsschädlich, sind Materialien wie Katzenstreu, Zeitungspapier, Sägemehl, sehr feine Späne oder Torf.

Praktisch einrichten

Von Häuschen, Napf und Co.

Meerschweinchen bekommen zwei Futternäpfe: Einen fürs Trockenfutter und einen fürs Frischfutter.

Das neue Meerschweinchenheim steht bereit, ist mit Einstreu gut gefüllt – doch noch ist es recht nackt und leer. Was also gehört noch alles hinein, damit sich die zukünftigen Bewohner wohl darin fühlen?

Rückzugsmöglichkeit – das Schlafhäuschen

Meerschweinchen als Höhlenbewohner brauchen unbedingt eine sichere Rückzugsmöglichkeit. Hierfür stellt man für zwei Meerschweinchen mindestens ein, besser zwei Schlafhäuschen auf. Auch hier gibt es wieder eine große Auswahl an unterschiedlichsten Modellen. Darauf achten Sie: Das Häuschen soll aus Holz und unten offen sein, um ein ungesundes feucht-warmes Klima zu vermeiden. Nehmen Sie ein Häuschen mit flachem Dach, da es von den Meerschweinchen auch gerne als Ausguck benutzt wird. Sinnvoll sind Häuschen mit zwei Ein- bzw. Ausgängen. Rangniedere Tiere können sich so „verdrücken", ohne sich am ranghöheren Tier vorbeidrängeln zu müssen. Häuschen mit kleinen Fenstern sind nicht geeignet, da die Meerschweinchen in den Fenstern stecken bleiben können.

Ein absolutes Muss: das Schlafhäuschen als Rückzugsmöglichkeit

Tischlein deck' dich – Futternapf und Heuraufe

Kaufen Sie für Ihre Meerschweinchen am besten gleich zwei Futternäpfe – einen kleineren für Trocken- und einen größeren für Frischfutter.

Standfeste Näpfe

Die Näpfe sollten gut stehen und schwer genug sein, damit die Tiere sie nicht umwerfen können, und so groß, dass auch zwei Meerschweinchen gleichzeitig fressen können. Wählen Sie Näpfe ohne Rillen oder Verzierungen, damit Sie sie gut reinigen können.

Heuraufen

Heu brauchen Meerschweinchen rund um die Uhr. Damit es sauber bleibt, füllen Sie es in eine Raufe. Es gibt verschiedene Ausführungen, die am Gitter eingehängt werden oder frei stehen (praktisch für den Freilauf). Sinnvoll sind abdeckbare Modelle, damit die Schweinchen nicht hineinklettern.

Kühle Getränke

Den Meerschweinchen muss immer ausreichend sauberes Wasser zur Verfügung stehen. Das können Sie in einem Wassernapf oder einer Trinkflasche anbieten.

Unten durch und oben drüber – verschiedene Einrichtungsgegenstände laden zur Entdeckungstour ein.

Flasche oder Napf?

Die Flasche hat den Vorteil, dass das Wasser nicht so leicht verschmutzt. Es gibt aber auch Meerlis, die ständig „an der Flasche hängen", aber trotzdem keinen Tropfen herausbekommen.
Bei einer Trinkflasche ist es außerdem nötig, das Wasser täglich zu wechseln und die Flasche jedes Mal zu reinigen. Algenbildung in der Flasche kann für die Tiere sehr ungesund werden.
Ein Wassernapf entspricht eher der natürlichen Kopfhaltung der Meerschweinchen beim Trinken.

→ *Wählen lassen*

Wenn Sie Ihre Tiere noch nicht so gut kennen, lassen Sie sie selbst wählen: Bieten Sie das Wasser einige Tage sowohl in der Flasche als auch im Napf an und beobachten Sie, wo sich die Tiere häufiger bedienen.

Damit er nicht ganz so schnell mit Streu verschmutzt, können Sie ihn auf einen Ziegelstein oder, wenn vorhanden, auf die zweite Ebene des Käfigs stellen. Der Wassernapf sollte ebenfalls standfest und gut zu reinigen sein.

Meerschwein-Mobiliar

Neben der notwendigen Grundausstattung – Häuschen, Näpfe, Raufe – gibt es noch eine Vielzahl „Meerschweinchen-Mobiliar", mit dem man den Käfig aufpeppen kann: Weidenbrücken, Korkröhren, Unterschlupfe, Rampen etc. Gehen Sie hier nach dem Prinzip „weniger ist mehr" vor, denn all diese Dinge brauchen Platz. Geben Sie am besten immer nur ein Zusatzteil in den Käfig und tauschen Sie es immer wieder aus. So sorgen Sie regelmäßig für ein bisschen Abwechslung – austoben können sich die Meerlis sowieso nicht im Stall, sondern beim Freilauf.

→ *Der richtige Standort*

Wo soll es nun stehen, das fertig eingerichtete Meerschweinchenheim? Suchen Sie einen Platz, an dem es hell ist, der aber weder direkter Sonne noch Zugluft ausgesetzt ist. Ungeeignet ist eine Stelle mit ständigem „Durchgangsverkehr", suchen Sie daher eine etwas ruhigere, aber auch nicht die hinterste Ecke – Meerschweinchen mögen Familienanschluss. Und weil sich Meerschweinchen von allem bedroht fühlen, was von oben kommt, sollten Sie den Käfig auf einen Tisch oder eine Kommode stellen.

EXTRA

Der Sieben-Stufen-Plan für zutrauliche Meerschweinchen

Stufe 3: Die erste Scheu ist verloren, die neue Umgebung wird neugierig begutachtet.

Da sind sie endlich: die lang ersehnten Meerschweinchen! Und nun sitzen sie ganz verschreckt zusammengekauert in einer Ecke? Keine Sorge: Mit diesem Sieben-Stufen-Plan klappt die Eingewöhnung – je nach Tier in wenigen Tagen bis zu einer Woche – ganz schnell und bald kann der Spaß beginnen.

Stufe 1: In Ruhe lassen

Auch wenn es schwer fällt: Lassen Sie die Meerschweinchen erst einmal ganz in Ruhe! Stellen Sie den geöffneten Transportbehälter in den fertig eingerichteten Käfig und warten Sie ab. Früher oder später kommen die Meerschweinchen von selbst heraus.

Stufe 1: Solange sich Ihr Meerschweinchen so verkriecht, lassen Sie es in Ruhe.

Stufe 2: Beobachten

So lange die Meerschweinchen noch bei jedem Geräusch sofort im Schlafhäuschen verschwinden, beobachten Sie die Tiere erst einmal nur aus der Entfernung. Sie werden sehen: Meerschweinchen sind neugierig und fangen bald an, alles genau zu erkunden. Dabei lernen sie auch die üblichen Umgebungsgeräusche kennen und werden bald nicht mehr beim kleinsten „Pieps“ in ihr Versteck rennen.

Stufe 3: Kontakt aufnehmen

Haben sich die Meerschweinchen an die neue Umgebung gewöhnt, wird es Zeit, dass sie auch ihre neuen „Rudelmitglieder“, die Menschen, besser kennen lernen. Nähern Sie sich dem Käfig in Augenhöhe der Tiere und sprechen Sie leise mit ihnen. Bald kommen die Meerschweinchen neugierig ans Käfiggitter und begutachten ihren „Besuch“.

Stufe 4: Bestechung willkommen

Meerschweinchen sind durchaus „bestechlich“ – das können und sollten Sie ausnützen.

Am schnellsten verlieren sie die Angst vor der Hand, wenn Sie ihnen einen unwiderstehlichen Leckerbissen anbieten. Anfangs noch vorsichtig, werden sie sich sicher bald ohne Scheu an der Leckerei bedienen.

Stufe 4 und 5: Angelockt von einer kleinen Bestechung lässt sich dieses Meerschweinchen schon vorsichtig streicheln.

Stufe 5: Streicheln erlaubt

Nun kommen Ihre Schweinchen sicher schon neugierig angelaufen, wenn Sie sich dem Käfig nähern. Jetzt wird es Zeit für den ersten Körperkontakt. Während die Meerschweinchen an ihrem Leckerbissen knabbern, sprechen Sie beruhigend mit ihnen und streicheln mit der anderen Hand vorsichtig über das Fell.

Stufe 6: Auf den Arm nehmen

Sobald sich die Meerschweinchen auch ohne Bestechungs-Leckerbissen gerne streicheln lassen, könne Sie versuchen, sie ganz vorsichtig und mit langsamen Bewegungen auf den Arm und aus dem Käfig zu nehmen.

Stufe 7: Geschafft!

Nun kommen Ihre Meerlis sicher schon freudig fiepend ans Gitter gelaufen, wenn sie Sie kommen hören. Sie naschen aus der Hand, lassen sich gerne streicheln und ohne Angst aus dem Käfig nehmen. Bravo: Sie haben es geschafft! Nun können Sie auch mit dem täglichen Freilauf in der Wohnung beginnen und den Meerschweinchen vielleicht auch einmal einen Aufenthalt im Garten gönnen.

→ Privatsphäre respektieren

Meerschweinchen wollen – genauso wenig wie wir – beim Essen, Schlafen oder auf der Toilette gestört werden. Deshalb: Auch wenn die Eingewöhnung gut geklappt hat und die Tiere an das neue Zuhause gewöhnt sind, beschäftigen Sie sich erst dann mit den Meerschweinchen, wenn sie gefressen, getrunken und sich geputzt haben. Dann sind sie ganz entspannt und freuen sich über Abwechslung und neue Abenteuer.

Ab in die Sommerfrische

Freilauf im Garten

Der Schnee ist geschmolzen, das erste frische Grün schaut hervor, die Luft wird wärmer und die Sonne scheint. Jetzt zieht es jeden nach draußen, auch die Meerschweinchen. Gönnen Sie Ihren Tieren – wenn möglich – dieses Vergnügen, das sie sicher mit allen Sinnen genießen werden. Wenn der Boden trocken und es mindestens 18 °C warm ist, geht's nach draußen!

Urlaub auf Balkonien

Balkone sind leider in den meisten Fällen nicht sehr geeignet für Meerschweinchen. Sie sind entweder zu heiß oder zu zugig.

Tipp

Im Freien nie frei laufen

Egal wie zahm Ihre Meerschweinchen sind, lassen Sie sie im Garten niemals frei, ohne Gatter laufen. Viel zu schnell kann so ein Freilauf ohne Grenzen zu einem Ausflug ohne Wiederkehr werden.

Der Bodenbelag ist oft ungeeignet (rutschige Fliesen, kalter Beton) und die Brüstungen sind in den seltensten Fällen meerschweinchensicher. Damit die Meerlis aber wenigstens für einige Stunden an die frische Luft kommen, können Sie die Tiere samt Käfig einfach nach draußen verfrachten. Achten Sie dabei aber auf drei Dinge: keine pralle Sonne, keine Zugluft und keine zu großen Temperaturunterschiede zwischen drinnen und draußen.

Der meerschweinsichere Balkon

Mit mehr oder weniger Aufwand können Sie den Balkon meerschweinchensicher machen. Alle Schlupflöcher an Brüstung oder Gitter müssen verschlossen werden – mit Brettern oder dichtem Maschendraht. Rutschige und kalte Böden können Sie mit Reisstrohmatten (werden früher oder später zernagt) oder Flickenteppichen aus Baumwolle auslegen. Wenn Sie dann noch die oben genannten drei Punkte beachten, können Sie Ihre Meerlis auf dem Balkon frei laufen lassen. Doch niemals ohne Aufsicht! Denn Katzen oder Raubvögel sind durchaus in der Lage, auch auf dem Balkon zuzuschlagen.

Meerschweinchen im Gartenparadies

Die einfachste Möglichkeit, den Meerschweinchen Auslauf im Garten zu gönnen, ist es, das Käfigoberteil abzunehmen und draußen aufzustellen.

Mit Gartenhäuschen
Mit hinein müssen das Häuschen als Versteck, frisches Wasser und etwas Heu. Stellen Sie einen Sonnenschirm auf, falls Sie im Garten keinen schattigen Platz haben. Und vergewissern Sie sich, dass keine giftigen Pflanzen in Meerschweinchen-Reichweite sind. Dann kann der Spaß beginnen! Aber bitte nie aus den Augen lassen: Raubtiere wie Katzen oder Marder können das Gitter leicht umwerfen, die Meerlis wären ihnen schutzlos ausgeliefert.

Genuss für alle Sinne
Der Freilauf im Garten wird für Ihre Meerschweinchen zum Genuss für alle Sinne: Sie atmen die frische Luft, sie riechen ganz neue Düfte und können von frischem Gras und verschiedenen Kräutern naschen. Damit das Vergnügen keine Bauchschmerzen bereitet, sollten Sie Ihre Tiere schon vorher an frisches Gras gewöhnen.

Freilauf de Luxe
Noch mehr Spaß haben Ihre Meerschweinchen natürlich, wenn sie sich nicht nur unter dem Käfigoberteil, sondern in einem größeren Freigehege austoben können. Im Zoofachhandel gibt es solche „Sommergehege“ zu kaufen – oder Sie bauen selbst ein Außengehege. Im Internet findet man zahlreiche Bauanleitungen.

Schutz von oben
Zu einem Sommergehege gehört auch eine passende Abdeckung, damit die Meerschweinchen vor Katzen, Mardern, Raubvögeln und anderen Beutegreifern geschützt sind. Ein Netz bietet leider keinen sicheren Schutz, da die Raubtiere zwar nicht direkt an die Meerschweinchen herankommen, sie aber trotzdem durch das Netz hindurch bedrängen, verletzen oder erschrecken können. Besser ist ein Holzrahmen, der mit engmaschigem, stabilem Draht bespannt ist. Er muss genau auf das Gehege passen und so befestigt werden, dass z. B. eine Katze ihn nicht öffnen oder herunterziehen kann.

Außenhaltung
Prinzipiell kann man Meerschweinchen auch das ganze Jahr im Freien halten. Dafür genügt es aber nicht, einfach den Käfig nach draußen zu stellen. Außenhaltung ist sehr anspruchsvoll und man muss sich vorher ausführlich informieren. Buchtipps hierzu finden Sie im Serviceteil.

Das gehört zum Freiluftvergnügen
- Schlafhäuschen als Versteck und Rückzugsmöglichkeit
- Frisches Wasser und sauberes Heu
- Sichere Abdeckung zum Schutz vor Raubtieren und -vögeln
- Ausreichend Schatten
- Unterstand als Regenschutz
- Keine giftigen Pflanzen
- Kein Kontakt mit Wildtieren
- Regelmäßig nach den Meerschweinchen sehen!

Freilauf im Garten – hier können Meerschweinchen ihren Bewegungsdrang ausleben.

Auf einen Blick

Grundausstattung für Meerlis

Gesunde Meerschweinchen

- Haben glänzende Augen und saubere Nasen und Ohren.
- Das Fell ist sauber, dicht und glänzend und ohne Verklebungen am Po.
- Sie bewegen sich flink, ohne zu hinken oder zu lahmen.
- Sind kompakt gebaut, aber nicht fett, und dürfen auch nicht abgemagert sein.
- Meerschweinchen kauft man nur aus Boxen, in denen sie nach Geschlechtern getrennt gehalten wurden.

Der Kauf

- Bevor Sie sich Meerschweinchen zulegen, überlegen Sie gut, ob Sie die nächsten sechs bis acht Jahre für die Tiere sorgen können und wollen.
- Meerschweinchen wollen nicht alleine leben. Halten Sie daher mindestens zwei Tiere.
- Achten Sie beim Kauf darauf, dass die Tiere gesund und alt genug sind (mindestens 8 Wochen).
- Meerschweinchen bekommt man im Zoofachhandel, beim Züchter, im Tierheim oder bei Tierschutzorganisationen, manchmal auch von Privat.
- Besorgen Sie die Grundausstattung und richten Sie den Käfig ein, bevor Sie die Tiere kaufen.

Die Grundausstattung

Für zwei Meerschweinchen benötigen Sie

- ein Meerschweinchenheim von mindestens 120 x 60 cm Grundfläche, Ein- und Ausstieg sollten auf der Vorderseite und nicht oben sein
- zwei Futternäpfe
- einen Wassernapf oder eine Trinkflasche
- eine Heuraufe
- Einstreu
- einen geeigneten Standort für das Meerschweinchenheim

Die Eingewöhnung

- Beobachten Sie die Meerschweinchen zu Beginn nur und sprechen Sie leise mit ihnen.
- Wenn Ihre Meerschweinchen keine Angst zeigen, können Sie ihnen vorsichtig einen Leckerbissen anbieten.
- Fressen sie unbekümmmert aus Ihrer Hand, können Sie die Schweinchen vorsichtig streicheln.
- Funktioniert auch das problemlos, können Sie die Meerschweinchen hochheben.
- Stören Sie Ihre Meerschweinchen aber nicht beim Schlafen oder Fressen.

Freilauf im Grünen

- Ein Außengehege bekommen Sie im Zoofachhandel, Sie können sich aber auch selbst eins bauen. Für einen kurzen Aufenthalt im Freien genügt für den Anfang auch das Käfigoberteil.
- Achten Sie darauf, dass das Freigehege ein- und ausbruchssicher ist.
- Mit ins Außengehege gehören ein Schlafhäuschen, Wasser und Heu.
- Im Garten oder auf dem Balkon darf das Gehege nicht in der prallen Sonne oder in direkter Zugluft stehen.
- Sorgen Sie für Abwechslung: Mit verschiedenen Materialien kann man eine unterschiedliche Abenteuerlandschaft gestalten.
- Schauen Sie regelmäßig nach den Tieren!

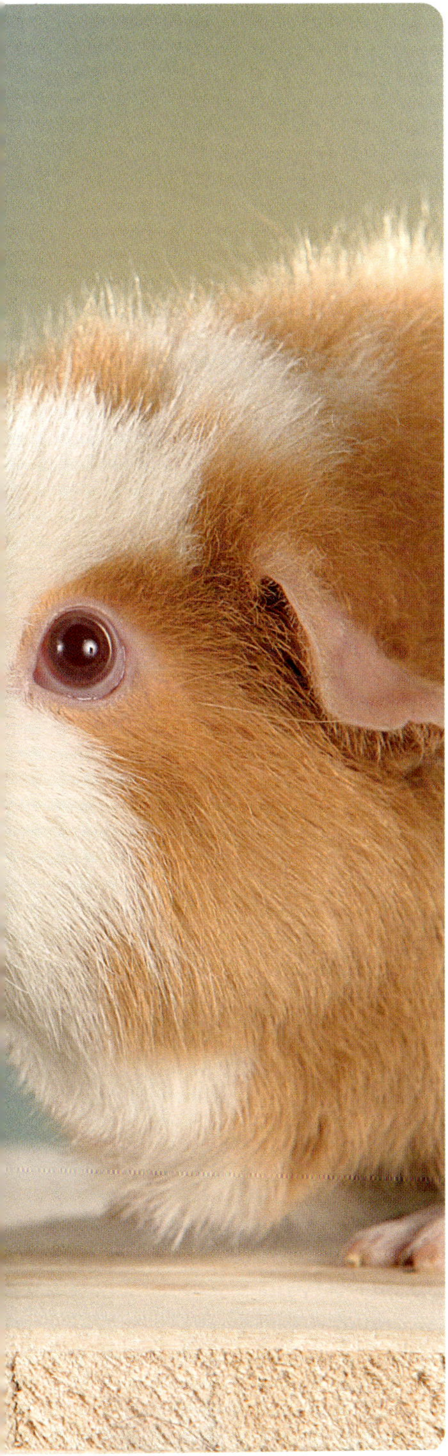

2

Ernähren und pflegen

Liebe geht durch den Magen

Meerschweinchen gesund ernähren

Was tun Ihre Meerschweinchen am liebsten? Knabbern, naschen, futtern, nagen! Damit das Ihren „Vielfraßen" gut bekommt, erfahren Sie einiges über Meerschweinchenernährung.

Ein abwechslungsreicher Speiseplan

Wildmeerschweinchen können sich an einem reich gedeckten Tisch bedienen: Sie lieben jede Form von frischem Grün, aber auch Raues wie vertrocknete Gräser oder Blätter, Knospen, Rinden und Zweige, Früchte und Samen. Instinktiv bedienen sie sich auch aus der „Naturapotheke" und fressen Kräuter, die die natürlichen Abwehrkräfte stärken und das Wohlbefinden fördern. Diese Vorlieben haben auch unsere Hausmeerschweinchen. Also: Sorgen Sie immer für Abwechslung!

Eine ausgewogene, abwechslungsreiche und gesunde Ernährung ist die Lebensversicherung für Ihre Meerschweinchen.

Für Nachschub sorgen

Um gesund und fit zu bleiben, müssen Meerschweinchen beliebig oft fressen können. Über den Tag hinweg nehmen sie ca. 40 bis 60 kleine Mahlzeiten zu sich. Warum? Meerschweinchen besitzen einen so genannten Stopfdarm, in dem der Nahrungsbrei nicht wie beim Menschen durch Darmbewegungen vorwärts bewegt wird. Ihr Verdauungssystem braucht einen steten Futternachschub, damit der Darminhalt weitergeschoben wird.
Oder anders gesagt: Nur wenn vorne etwas hineingeht, kommt hinten etwas heraus. Achten Sie also unbedingt darauf, dass den Meerschweinchen rund um die Uhr Futter – am besten in Form von frischem Heu – zur Verfügung steht, an dem sie immer knabbern können.

Frisches Grün und buntes Gemüse – daran können sich Meerschweinchen satt fressen, ohne zu dick zu werden.

Wenn die Meerschweinchen zu hungrig werden, fressen sie hastig und zu viel auf einmal und nicht stetig, wie es der Darm verlangt. Die Folge: Der Darminhalt bewegt sich kaum weiter, er gärt, fault, entwickelt Gase und es kommt zu schweren, schmerzhaften Verdauungsstörungen. Deshalb ist das häufige Fressen so wichtig.

Doppelte Verdauung

Vielleicht haben Sie schon beobachtet, dass Ihre Meerschweinchen ihren eigenen Kot fressen. Hindern Sie sie nicht daran! Das ist nicht eklig, sondern lebensnotwendig. Die Meerschweinchen fressen auch nicht die normalen „Böhnchen", sondern die so genannten Blinddarmpillen (Vitaminkot). Sie entstehen durch bakterielle Gärungsvorgänge im Blinddarm.

Nur durch dieses Kotfressen sind die Meerschweinchen in der Lage, der eher schwer verdaulichen pflanzlichen Kost genügend Nährstoffe zu entziehen. Bei der zweiten Darmpassage wird der bereits aufgeschlossene Nahrungsbrei optimal ausgenutzt, dem Körper werden Eiweiß und Vitamine – vor allem B-Vitamine – zugeführt und die Darmflora aufgefrischt.

Tipp

Fressen als Beschäftigung

Natürlich stillt Fressen auch das Beschäftigungsbedürfnis der Meerschweinchen. Damit sie davon aber nicht dick und rund werden, muss es das richtige Futter sein: Sehr viel Heu, außerdem Obst und Gemüse und nur ganz selten Leckerlis. Und: Die beste Beschäftigung ist immer noch ausreichend Freilauf!

Fressen ist auch Zahnpflege

Wie bei allen Nagetieren wachsen die Zähne der Meerschweinchen ständig nach und müssen deshalb auch ständig abgenutzt werden. Je länger die Meerschweinchen mit dem Abbeißen, Kauen und Zermahlen der Nahrung beschäftigt sind, um so besser. Dabei kommt es gar nicht so sehr auf die Härte des Gefressenen an, sondern hauptsächlich darauf, dass die Zähne beim Beißen und Kauen viel und oft aneinander gerieben werden.

Frisches Heu muss immer im Käfig sein, damit die Schweinchen daran knabbern können.

→ Futter-Basics für Meerschweinchen

Aus diesen vier Hauptkomponenten können Sie täglich ein ausgewogenes Menü für Ihre Meerschweinchen zusammenstellen:

- → Heu
- → Wasser
- → Saftfutter: Kräuter, Obst und Gemüse
- → eventuell etwas Trockenfutter

Leckeres für jeden Tag

Duftendes Heu und frisches Wasser

Sie wissen jetzt: Meerschweinchen wollen und müssen ständig fressen. Aber es muss auch das Richtige sein! Heu und Wasser bilden die Grundlage einer gesunden Meerschweinchenernährung.

Heu und Wasser sind die Grundlagen der Meerschweinchenernährung. Notfalls können sie damit auch einen ganzen Tag auskommen.

Heu – das A und O

Heu ist das wichtigste Nahrungsmittel für Meerlis. Es enthält Ballaststoffe (Rohfasern), Mineralien und Spurenelemente, beim Kauen nützen sich die Zähne ab und es darf in beliebigen Mengen gefressen werden, ohne dick zu machen oder Blähungen zu verursachen. Die Qualität des Heus richtet sich danach, wie viele Arten von Wiesenkräutern enthalten sind, welchen Mineralstoffgehalt der Boden hatte, wann es gemäht, wie es getrocknet und verpackt wurde.

Heu ist das tägliche Brot der Meerschweinchen. Sie können es rund um die Uhr mümmeln, ohne dick zu werden.

Daran erkennen Sie gutes Heu

- → Es enthält sichtbare Kräuter, viele Gräser mit Blättern, Blüten und Fruchtständen.
- → Die Stängel sind 20 bis 35 cm lang.
- → Gutes Heu ist grün und nicht grau.
- → Es duftet aromatisch, nicht muffig.
- → Es stammt von biozidfreien Wiesen und ist nicht schadstoffbelastet.
- → Heu muss immer trocken, staub- und schimmelfrei sein.

Manchmal auch Stroh

Stroh dient eigentlich als Einstreu und ist weniger als Futter gedacht. Trotzdem wird es gern geknabbert. Es ist allerdings viel nährstoffärmer als Heu, dafür aber sehr ballaststoffreich. Die Zähne werden beim Knabbern abgenützt und es befriedigt das Beschäftigungsbedürfnis. Weil unser Getreide viel häufiger gedüngt und mit Pestiziden behandelt wird als die Heuwiesen, enthält das Stroh oft mehr schädliche Rückstände als Heu. Deswegen sollten Sie nur wenig Stroh anbieten beziehungsweise Produkte kaufen, bei denen der biologische Anbau garantiert werden kann.

Wasser, das Lebenselixier

Wenn es auch den Anschein hat, dass Meerschweinchen wenig trinken, so stimmt das nicht – vor allem dann nicht, wenn nur Heu und Trockenfutter angeboten werden. Sauberes Wasser gehört in jeden Käfig und muss den Meerschweinchen auch beim Freilauf zur Verfügung stehen.

Hauptsache sauber!

Ob Wassernapf oder Trinkflasche bleibt Ihrem Geschmack und den Vorlieben Ihrer Meerschweinchen überlassen. Wichtig ist, dass das Wasser sauber ist. Napf und Flasche müssen täglich gereinigt und neu gefüllt werden.

Trockenfutter – die Mischung macht's

Trocken- oder Fertigfutter gibt es im Zoofachhandel in den verschiedensten Mischungen mit allen möglichen Zusätzen. Wenn Sie Ihre Meerschweinchen ausgewogen und abwechslungsreich ernähren, können Sie eigentlich ganz darauf verzichten, denn in Heu und Saftfutter ist alles enthalten, was Ihre Meerschweinchen brauchen. Wenn Sie doch Fertigfutter für Ihre Meerlis kaufen wollen, sollten Sie genau auf die Zusammensetzung achten. In vielen Fertigmischungen ist nämlich Getreide enthalten, das nicht auf den Speiseplan gehört.

→ Milch ist nichts für Meerschweinchen

Geben Sie Ihren Meerschweinchen keine Milch zu trinken. Sie ist schwer verdaulich und kann durch den enthaltenen Milchzucker zu Verdauungsproblemen (Durchfall) führen. Und auch vor destilliertem Wasser sei ausdrücklich gewarnt: Es schadet den Tieren.

Getreide – zu gehaltvoll

Getreide wird vom Verdauungssystem der Meerschweinchen schlecht verwertet, bringt den Zähnen keinen Abrieb, sättigt zu schnell und macht leicht dick. Es hat ähnliche Auswirkungen wie Schokolade bei uns Menschen.

Pellets und getrocknetes Gemüse

Sinnvoll sind Trockenfuttermischungen, die nur aus pflanzlichen Pellets und getrocknetem Gemüse bestehen. Die Pellets enthalten z. B. Klee, Luzerne, Huflattich, Wegerich und Brennnessel. Sie sättigen langsam und können kontinuierlich gefressen werden, ohne dick zu machen. Getrocknete Stückchen von Karotte oder Roter Beete runden die Mischung ab.

Des Guten zu viel! Trockenfutter sollten Meerschweinchen nur ab und zu und in kleinen Mengen bekommen.

Her mit dem jungen Gemüse!

Vitaminreiches Grünzeug

Petersilie ist bei vielen Meerschweinchen der absolute „Renner".

Heu, Wasser und vielleicht ein bisschen Trockenfutter – davon werden Ihre Meerschweinchen zwar satt, aber was noch fehlt, sind Abwechslung und Frische. Kräuter und Gemüse gehören deshalb unbedingt auf den täglichen Speiseplan der Meerschweinchen.

Grün, grün, grün sind alle meine Kräuter

Natürlich, wertvoll und gesund ist alles Grüne. Kräuter enthalten zahlreiche Vitamine und Mineralstoffe und wirken gesundheitsfördernd. Der Grünfutteranteil der Nahrung kann ca. 50 bis 70 g pro Kilogramm Körpergewicht pro Tag betragen. Der Kleeanteil sollte jedoch nicht mehr als 10 % der Gesamtmenge ausmachen.

Kräuter und frisches Gemüse liefern zahlreiche Vitamine und Mineralstoffe und sind wichtig für das Wohlbefinden Ihrer Meerschweinchen.

Tipp

Futterumstellung

Nehmen Sie jede Futterumstellung langsam und schrittweise vor. Bieten Sie von neuen Futterarten zuerst immer nur wenige Blättchen oder Stückchen und steigern Sie die Menge langsam. Besonders bei frischem Gras muss man vorsichtig sein: Es ist sehr eiweiß- und wasserreich und kann ohne Gewöhnung und gleichzeitige Heugabe schnell Verdauungsstörungen verursachen.

Junge Brennnesseln sind besonders im Frühjahr wertvoll. Sie lässt man, um die Nesselwirkung zu mindern, anwelken oder zu Heu trocknen.

Kräuter selbst sammeln

Geeignete Wildkräuter für Meerschweinchen wachsen nahezu überall. Am besten pflücken Sie sie von unbewirtschafteten Wiesen, die sich durch einen artenreichen Bestand auszeichnen, auf Grünflächen und in Gärten, die nicht gespritzt werden. Pflanzen an Straßen- und Wegrändern, an Bahndämmen, auf „Hundewiesen" oder an den Rändern gespritzter und gedüngter Felder lassen Sie dagegen lieber stehen. Pflücken Sie saubere, trockene Pflanzen und nur so viel, wie Ihre Meerschweinchen an einem Tag fressen können. Die Kräuter werden luftig und kühl transportiert.

Frisch auf den Tisch

Verfüttern Sie das Grünfutter möglichst sofort, solange es noch frisch ist. Jetzt schmeckt es auch am besten. Entfernen Sie nicht gefressene Reste nach einem halben Tag aus dem Käfig, bevor sie welken und gären.

Grünes selbst gezogen

Etwas ganz Besonderes für Ihre Meerschweinchen ist selbst gezogenes Grün von der Fensterbank. Es gibt fertige Saatmischungen im Zoofachhandel, Sie können aber auch andere schnell keimende Pflanzenarten wie Gras, Klee oder Getreide aussähen. Halten Sie die Erde immer feucht und schon nach etwa drei Wochen können Sie Ihre Meerschweinchen mit dem frischesten Grün verwöhnen. Und wenn Ihnen das zu lange dauert: Bringen Sie Ihren Meerschweinchen einfach ein Töpfchen Katzengras aus dem Zoofachhandel mit.

Lass knacken: leckeres Gemüse

Meerschweinchen lieben knackigfrisches Gemüse. Waschen und wenn möglich schälen Sie es, bevor Sie es Ihren Meerlis geben. Und sorgen Sie für Überraschung: Legen Sie die Gemüsestückchen nicht einfach nur in den Futternapf, verstecken Sie sie im ganzen Käfig. Für eine am Dach aufgehängte Karotte macht sich auch das faulste Schweinchen gerne groß. Reste sollten nach einem halben Tag entfernt werden.

→ *Knackig frisch*

Diese Kräuter und Gemüsesorten mögen Meerschweinchen ganz besonders:

- Beifuß
- Blaue Luzerne
- Brennnessel
- Huflattich
- Kamille
- Löwenzahn
- Pfefferminze
- Salbei
- Wegerich
- Wiesenschafgarbe
- Brokkoli
- Chicorée
- Chinakohl
- Fenchel
- Gurke (geschält)
- Karotte
- Küchenkräuter wie Petersilie, Liebstöckel, Dill, Borretsch
- Paprika
- Rote Beete
- Topinambur

Wenn Sie eine Pflanze nicht sicher kennen, lassen Sie sie stehen. Zu groß ist die Gefahr, dass sie für Ihre Meerschweinchen giftig ist. Mit Hilfe eines Bestimmungsbuches lernen Sie die häufigsten Futterpflanzen schnell kennen.

Beerenstark

Fruchtcocktail für fitte Schweinchen

Und noch ein Bestandteil gehört zum täglichen Meerschweinchen-Menü: Obst! Es sorgt für Abwechslung und liefert wertvolle Vitamine, vor allem das lebensnotwendige Vitamin C.

Vitamin-C-Bomben

Weil Meerschweinchen Vitamin C nicht selbst bilden können, müssen sie es über das tägliche Futter aufnehmen. Besonders viel Vitamin C enthalten schwarze Johannisbeeren, Petersilie, grüne Paprika, Kiwi, Brokkoli, Erdbeeren und Apfelsinen. Werden Meerschweinchen ausgewogen und abwechslungsreich ernährt und bekommen viel Grünes, Obst und Gemüse, benötigen sie auch keine zusätzlichen Vitaminpräparate. Im Gegenteil: Ein Zuviel an Vitamin C kann schädlich sein.

Buntes für den Futternapf

„Das Auge isst mit", heißt es. Und wer seinen Meerschweinchen regelmäßig einen bunten Fruchtcocktail vorsetzt, wird sehen, wie begeistert sie sich über diese appetitlichen Leckerbissen hermachen. Wie auch für Gemüse gilt: waschen und wenn möglich schälen. Natürlich bekommen Meerschweinchen nur frisches, reifes Obst und nicht die andere Hälfte eines schon leicht verfaulten Apfels.

Sie fressen alles

Es gibt kaum eine Obstsorte, die Meerschweinchen nicht mögen. Bananen sind weniger zu empfehlen, da sie sehr klebrig und zuckerhaltig sind, und von sehr saurem Obst lassen die meisten Meerlis ohnehin freiwillig die Pfoten.

„Die süßesten Früchte fressen nur die großen Tiere …"– für Leckerbissen machen sich aber auch Meerlis gerne mal ganz groß.

Die Obst-Hitliste

Auf Meerschweinchens Hitliste der Lieblingsobstsorten stehen Äpfel, Birnen, Melonen, Weintrauben (nicht zu viel davon, denn sie enthalten zu viel Zucker), Kiwi, Erdbeeren, Orangen und Mandarinen.

Nager wollen nagen

Frische Zweige und junge Triebe sind bei Meerschweinchen äußerst beliebt. Und Sie schlagen mit diesem Futter gleich zwei Fliegen mit einer Klappe: sinnvolle Beschäftigung und wertvolle Inhaltsstoffe. Rinde, Knospen und junges Holz enthalten Ballaststoffe, Gerbstoffe und Öle. Beim Abnagen und Kauen nutzen sich die Zähne ab und die Meerschweinchen sind beschäftigt. Geeignet ist Schnittgut von Obstbäumen wie Apfelbaum und Birnbaum, Haselnuss, Buchen, Pappeln, Linden, Erlen und Weiden – wenn es ungespritzt ist. Wenn in der Nachbarschaft die Obstbäume geschnitten werden, können Sie nach Zweigen fragen. Meistens sind die Gartenbesitzer froh, wenn sie ein paar Äste loswerden.

Nagerholz – die gesunde Zahnbürste für Ihre Meerschweinchen

Fitness-Food

Damit Ihre Meerschweinchen beim Futtern fit bleiben, bieten Sie das Saftfutter nicht einfach nur im Napf an. Hängen Sie Kräuter als Sträußchen von der Käfigdecke, klemmen Sie Apfelschnitze etwas weiter oben zwischen die Gitterstäbe oder verstecken Sie Gemüsestückchen im ganzen Käfig. Ihre Meerschweinchen müssen sich ein bisschen anstrengen, um an die Leckereien zu kommen, und bleiben so ganz nebenbei fit.

Kleiner Futter-Knigge für Meerschweinchen

- → Frisches Heu und sauberes Wasser brauchen die Meerschweinchen rund um die Uhr.
- → Füttern Sie so abwechslungsreich wie möglich.
- → Gewöhnen Sie Ihre Tiere langsam und in kleinen Mengen an eine neue Futtersorte.
- → Die benötigte Futtermenge hängt von Alter, Temperament, Bewegungsangebot, Käfiggröße, den Beschäftigungsmöglichkeiten und der Umgebungstemperatur ab.
- → Saftfutter wird frisch, sauber oder geschält angeboten. Reste werden nach einem halben Tag entfernt.
- → Damit das Grünzeug nicht verschmutzt, können Sie es in einer Raufe anbieten oder aufhängen.
- → Vom Fertigfutter maximal ein Esslöffel pro Tier und Tag, auf zwei Mahlzeiten verteilt, geben.
- → Gut gekühlt ist nichts für Meerschweinchen. Nehmen Sie das Futter frühzeitig aus dem Kühlschrank.
- → Als Futter ungeeignet sind Essensreste, Kohl (bläht), Kraut oder Salat (ist oft überdüngt und behandelt), altes Brot, Süßigkeiten, Kuchen etc.

Für **KIDS**

Snack-Ideen für Meerschwein-Partys

Leckeres Knabberzeug und coole Deko!

Für Deine Meerschweinchen gibt's natürlich weder Chips noch Schokoküsse, aber Du wirst sehen, auf diese Leckereien werden sie ganz scharf sein – und Du kannst auch selbst davon naschen.

Futterglöckchen

Futterglöckchen sind ganz leicht zu basteln und sehen einfach toll aus! Alles, was Du brauchst, sind kleine Tontöpfchen, frisches Gemüse und eine Schnur. Binde das Gemüse an der Schnur fest. Jetzt nimmst Du das andere Ende der Schnur, fädelst es durch das Loch im Tontopf und bindest sie am Käfigdach fest. Fertig ist die essbare Futterglöckchen-Deko!

Gemüse on the Rock

Für dieses Partyfutter brauchst Du einen Ziegelstein. Nun schneidest Du verschiedenes buntes Gemüse – Karotten, Fenchel, Paprika – in Stücke, die Du in die Löcher des Ziegels steckst. Nun müssen sich Deine Meerschweinchen ein bisschen anstrengen, um die Leckerbissen wieder herauszuziehen.

Gefüllte Gurke

Schneide von einer Gurke etwa fünf Zentimeter lange Stücke ab und höhle sie mit einem Löffel aus (lass Dir vielleicht von Mama oder Papa helfen). In das Loch füllst Du nun ein wenig Petersilie, kleine Paprikastückchen oder etwas anderes, das Deine Meerlis besonders mögen. Was machen sie nun als Erstes: von der Gurke knabbern oder die Füllung vernaschen?

Südsee-Spieße

Suche Dir einige dicke, lange Strohhalme. Dann schnipple weiche Obstsorten – z. B. Kiwi, Melone, Erdbeere – klein und spieße sie bunt gemischt auf die Strohhalme. Fertig!

Lustiges Fenchelmännchen

Dazu brauchst Du eine Fenchelknolle, eine kleine Möhre, einen Zahnstocher und eine Weintraube. Die feinen Blätter des Fenchels bilden die Haare. Jetzt bohrst Du vorsichtig mit einem Küchenmesser ein Loch in die Mitte der Knolle und schiebst die Mohrrübe als Nase hindurch. Dann schneidest Du die Weintraube in zwei Hälften. Den Zahnstocher brichst Du in der Mitte durch und befestigst vorsichtig mit ihm die Augen. Fertig ist das Fenchelmännchen, das Deine Meerlies gern vernaschen werden.

Das bisschen Styling...

Gepflegte Schweinchen

Neben Fressen gehört die ausführliche Körperpflege zu Meerschweinchens Lieblingsbeschäftigungen. Deshalb ist das Schönheitsprogramm auch gar nicht umfangreich, sollte aber regelmäßig durchgeführt werden.

Fellpflege für Kurzhaarrassen

Ihre Kurzhaarmeerschweinchen müssen Sie eigentlich überhaupt nicht kämmen oder bürsten – manche Meerlis mögen das auch nicht besonders. Zutrauliche Meerschweinchen genießen es aber sehr, wenn sie bei der täglichen Streicheleinheit sanft mit einem Pflegehandschuh gesäubert werden. Auch ein bisschen „Rückenkratzen" an schwer zugänglichen Stellen kommt gut an. Dabei kontrollieren Sie gleich Haut und Fell, ob wunde Stellen oder Parasiten vorhanden sind.

Fellpflege für Langhaarrassen

Langhaarige Meerschweinchen müssen regelmäßig gebürstet werden. Wenn Sie das regelmäßig und liebevoll tun, werden sich Ihre Tiere bald daran gewöhnen. Achten Sie darauf, dass Sie das lange Fell immer auf einige Millimeter über Bodenlänge kürzen.

Regelmäßiges Kämmen oder Bürsten ist nur bei langhaarigen Schweinchen wirklich nötig.

Ansonsten schleift das Haar auf dem Boden, es verfilzt und die Meerschweinchen pinkeln darauf. Wenn Sie bemerken, dass Ihre Langhaarmeerschweinchen im Sommer sehr unter der Hitze leiden, verpassen Sie ihnen einen flotten Kurzhaarschnitt – das Fell wächst ja wieder nach, den Tieren geht es dann jedoch viel besser.

→ Kein Schaumbad für Meerschweinchen

Meerschweinchen gehören auf keinen Fall in die Badewanne – sie haben es im Normalfall auch gar nicht nötig. Falls das Fell doch einmal sehr verschmutzt sein sollte, z. B. nach einem Durchfall mit Kot verklebt, reinigen Sie die betroffenen Stellen mit warmem Wasser und reiben sie mit einem Handtuch trocken. Bitte keine Seife oder Shampoo verwenden.

Von vorne bis hinten

Schauen Sie Ihre Meerschweinchen beim täglichen Streicheln und Kuscheln von vorne bis hinten genau an. Sind die Augen klar? Sind Näschen und Ohren sauber? Wenn die Augen verklebt sind oder die Ohren schmutzig, können Sie vorsichtig mit einem weichen, feuchten Tuch sauber reiben. Kontrollieren Sie auch das Hinterteil: der Po und die die Geschlechtsteile umgebende Hautfalte sollen sauber und ohne Verklebungen sein. Bei Böckchen müssen zudem die Perinealtaschen regelmäßig kontrolliert und gereinigt werden – einfach mit einem feuchten Tuch abwischen. Tasten Sie auch Bauch und Beine ab: Fühlt sich der Bauch weich an? Kann es die Beine ohne Schmerzen bewegen? Je besser Sie Ihre Meerschweinchen kennen, desto eher fallen Ihnen Veränderungen auf und Sie können schnell reagieren, falls etwas anders sein sollte als sonst.

→ Gewichtskontrolle

Setzten Sie Ihre Meerschweinchen einmal pro Woche auf die Waage. Am einfachsten geht das in einer Schüssel auf der Backwaage, so können sie nicht einfach davonlaufen, und die Waage ist genau genug. Legen Sie für jedes Tier eine Wiegekarte an und tragen Sie das Gewicht ein. So sehen Sie auf einen Blick, wenn eines der Meerschweinchen plötzlich stark zu- oder abnimmt. Ein Gewicht von 900 – 1.400 g ist normal.

Krallen kürzen

Mit einer Krallenzange können Sie zu lange Krallen schneiden. Am besten machen Sie diese Prozedur zu zweit: Einer hält das Meerschweinchen und fixiert dabei die Pfote, damit der andere die Zange ansetzen kann. Vor einer guten Lichtquelle kann man den blut- und nervenführenden Bereich gut erkennen. Der Schnitt wird 3 – 5 mm davor ausgeführt und zwar unbedingt waagrecht. Bei sehr dunklen Krallen schneiden Sie lieber weniger ab, dafür aber öfter. Lassen Sie sich das Krallenschneiden beim ersten Mal von Ihrem Tierarzt zeigen.

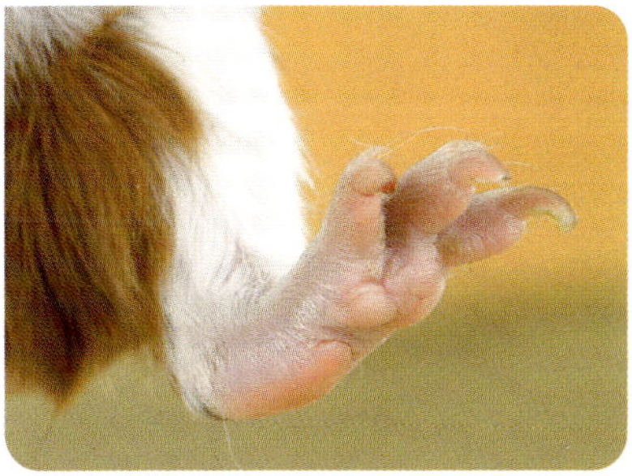

Die Krallen dürfen nicht zu lang und die Zähne sollen gleichmäßig abgenutzt sein.

Zeigt her eure Füße

Schauen Sie sich regelmäßig die Krallen an. Sie nutzen sich bei Wohnungshaltung oft nicht genügend ab, werden zu lang und drehen sich im schlimmsten Fall korkenzieherartig ein. Das Meerschweinchen kann nicht mehr richtig laufen. Auch die Sohlen müssen immer sauber und ohne Wunden sein.

Mach mal „Ahh“!

Zu lang gewordene Schneide- und Backenzähne behindern beim Fressen. Ob die Ursache falsches Futter oder eine angeborene Anomalie (Zahnfehlstellung) ist, muss der Tierarzt feststellen. Er wird die Zähne kürzen. Mit der richtigen Ernährung können Sie zu langen Zähnen vorbeugen.

Der Nächste bitte

Meerschweinchen beim Tierarzt

Ein Meerschweinchen, das sich von der Gruppe absondert und sich zurückzieht, könnte krank sein.

Ein ausreichend großer Käfig, viel Freilauf, liebevolle Zuwendung, jede Menge gutes Heu, sauberes Wasser und verschiedene Obst- und Gemüsesorten sind die beste Krankenversicherung für Ihre Meerlis. Doch sobald eines Ihrer Tiere trotzdem einen kranken Eindruck macht, sollten Sie mit ihm so bald wie möglich zum Tierarzt gehen.

Lieber dreimal zu früh als einmal zu spät

Weil vor jeder erfolgversprechenden Behandlung eine genaue Diagnose erfolgen muss, ist es sinnvoller, im Zweifelsfall lieber einmal zu viel den Tierarzt aufzusuchen als einmal zu wenig, wenn Sie Krankheitsanzeichen feststellen. Es könnte sich ja durchaus um einen akuten und ansteckenden Infekt handeln. Und je früher dem Meerschweinchen geholfen wird, desto besser sind die Heilungschancen.

Fragen, die der Tierarzt stellt

Je genauer Sie die Fragen des Tierarztes beantworten können, desto besser. Nehmen Sie Ihre Wiegekarte und eine Kotprobe mit. Falls Sie vermuten, dass Ihr Meerschweinchen etwas Giftiges gefressen hat, packen Sie auch davon eine Probe ein. Ansonsten wird der Arzt Ihnen folgende Fragen stellen:

→ Wie alt ist das Tier?
→ Seit wann lebt es bei Ihnen?
→ Wo und wie wird es gehalten?
→ Hat es Appetit und Durst?

So sehen gesunde, gepflegte Meerschweinchen aus.

Bei diesen Symptomen bitte zum Tierarzt

- Abmagerung trotz Nahrungsaufnahme
- Afterregion verklebt
- Appetitlosigkeit
- Angeschwollene oder wunde Beinchen und Sohlen
- Atembeschwerden (heftige Atmung, Kurzatmigkeit)
- aufgetriebener Leib (Bauchdecke hart und angespannt wie eine Trommel oder aufgetrieben und weich)
- Beißversuche und Fiepen bei Berührung
- verzögerte Bewegungen
- Blutspuren
- Blut im Urin
- Durchfall, zum Teil auch mit Blut

- Flüssigkeitsaufnahme, starke
- Struppiges Fell
- Gewichtsabnahme, starke
- Gleichgewichtsstörungen
- eigenartig gewinkelte Gliedmaßen
- Haarausfall außerhalb des Fellwechsels im Herbst
- auffällig häufiger Harnabsatz
- Hautrötungen, borkige Haut
- häufiges Husten
- Kahle Stellen im Fell
- auffallendes Kopfschütteln
- ungewöhnlicher Kopf-Schiefstand
- Kotbeschaffenheit, Änderungen der -farbe oder des -geruchs
- Krämpfe
- eingewachsene, korkenzieherartig gedrehte Krallen
- häufiges Kratzen (Verdacht auf Parasiten)
- Lähmungserscheinungen
- geschwollene Lider
- Nasenbluten
- plötzlich auftretender Nasenausfluss, auch eitrig
- häufiges Niesen
- Ohr: ständiges Kratzen
- Verkrustungen an und im Ohr
- Schwellungen, Beulen, Abszesse
- Schwellungen an den Lippen
- Schwellungen und Veränderungen an Gesäuge und/oder Geschlechtsorganen
- starke Schuppenbildung
- unnatürliche Seitenlage
- starkes Speicheln
- Tränende oder eiternde Augen
- Trübungen der Augen oder geröteter Augapfel
- Unruhe, wenn Hunger und Durst ausgeschlossen
- Verharren, stundenlang und reglos
- ständiges Verkriechen im Häuschen
- Verstopfung, eventuell im Wechsel mit schleimigem, stinkendem Kot
- Wunden und Borken
- Zähne, überlange, gebogene oder gedrehte, bzw. scharfe Kanten
- lang andauerndes Zittern

- Was hat es gefressen/getrunken?
- Wann haben Sie die Symptome zuerst bemerkt?
- Wie äußert sich die Veränderung?
- Wie sehen die Ausscheidungen aus?
- Gibt das Tier Schmerzenslaute von sich?

Behandlung nach Vorschrift

Je nach Diagnose wird Ihnen der Tierarzt erklären, was zu tun ist. Er sagt Ihnen auch, ob Sie das kranke Tier von seinen Artgenossen trennen müssen.

Es ist wichtig, sich an die Gebrauchs- und Dosieranweisungen der Medikamente zu halten und sie richtig zu lagern. Unbedingt das Verfallsdatum beachten! Selbstverständlich darf eine angefangene Behandlung nicht auf eigene Faust unter- oder abgebrochen werden. Und genauso wenig sollten Sie einem kranken Meerschweinchen einfach ein Medikament aus Ihrer Hausapotheke geben. Selbstverständlich achten Sie auch auf die eigene Hygiene (Händewaschen etc.), wenn ein krankes Tier im Haus ist.

EXTRA

Meerschweinchen gesund pflegen

Viel saftiges Grün und mehr Bewegung helfen gegen Verstopfung.

Wenn eines Ihrer Meerschweinchen krank ist, braucht es viel liebevolle Zuwendung. Damit es schnell wieder gesund wird, halten Sie sich am besten genau an die Anweisungen, die Ihr Tierarzt Ihnen gegeben hat. Kleinere Unpässlichkeiten können Sie mit sanften Mitteln auch selbst kurieren. Wenn es nach ein bis zwei Tagen nicht besser wird, gehen Sie zum Tierarzt.

Heu und Heidelbeeren bei Durchfall

Leidet ein Meerschweinchen an leichtem Durchfall, bekommt es vorübergehend kein Saftfutter mehr. Bieten Sie ihm nur sehr viel Heu, ein bisschen Trockenfutter und frisches Wasser an. Einige getrocknete Heidelbeeren und die Zweige der Salweide helfen ebenfalls. Stellt sich nach zwei Tagen keine Besserung ein, gehen Sie zum Tierarzt, bei akutem Durchfall sofort.

Einen Tag „Heu-Diät“ und leichter Durchfall ist schnell vergessen.

Saftiges bei Verstopfung

Eine leichte Verstopfung lässt sich oft mit einer langsamen Futterumstellung beheben. Geben Sie dem Meerschweinchen weniger Trockenfutter, dafür nach und nach immer mehr Saftfutter: frische Kräuter, knackiges Gemüse und saftiges Obst. Heu gibt es nach Belieben dazu. Sorgen Sie für noch mehr Bewegung und die Verdauung sollte sich schnell wieder normalisiert haben. Bessert sich der Zustand nach zwei Tagen nicht, gehen Sie zum Tierarzt.

Bei Hitzschlag kühlen

Meerschweinchen vertragen keine hohen Temperaturen, weil sie nicht schwitzen können. Fängt ein Tier an zu hecheln und zu zittern, legt sich hin oder ist sehr erregt, hat es vermutlich einen Hitzschlag. Bringen Sie es schnell an einen kühlen Ort. Bedecken Sie die Beine mit einem feuchten Tuch, hüllen Sie das ganze Tier vorsichtig darin ein oder benetzen Sie es leicht mit Wasser.

Bachblüten für den Notfall

In allen Notsituationen können Ihren Meerschweinchen Bachblüten-Notfalltropfen (Nr. 39 Rescue Remedy) aus der Apotheke helfen. Da es nicht ganz einfach ist, den Tieren das Mittel ins Maul zu geben, massieren Sie ein bis zwei Tropfen der Lösung an einer gut zugänglichen Stelle (z. B. im Nacken) in die Haut. Die Rescue-Tropfen helfen, den Organismus wieder ins Gleichgewicht zu bringen.

→ Quarantäne für Neulinge

Ein neu gekauftes Meerschweinchen sollten Sie nicht sofort in die bestehende Gruppe integrieren. Es ist sinnvoll, es für zwei bis drei Wochen getrennt von den anderen in Quarantäne zu halten und genau zu beobachten, ob es irgendwelche Krankheitsanzeichen zeigt. So schützen Sie die schon vorhandene Gruppe vor unliebsamen Überraschungen (ansteckende Infekte, Parasiten etc.).

Kränkliche Meerschweinchen mögen Wärme – manche liegen dann gerne auf einem warmen (nicht heißen!) Kirschkernkissen.

Wärme tut gut

Kranke Tiere sind besonders wärmebedürftig. Mit einer Rotlichtbestrahlung können Sie Schmerzen lindern und verspannte Muskeln entkrampfen. Stellen Sie einen Rotlichtstrahler mit ausreichend Abstand vor das Meerschweinchenheim. Prüfen Sie die Temperatur mit einem Thermometer: Sie darf am Meerschweinchen maximal 23 °C betragen! Schalten Sie das Rotlicht nach der Behandlung auch nicht einfach ab, sondern senken Sie die Temperatur allmählich, indem Sie den Strahler nach und nach weiter vom Käfig wegrücken.

Duftes gegen Parasiten

Um Parasiten vorzubeugen, kann man über dem Meerschweinchenheim einen duftenden Trockenstrauß aus Lavendel, Minze, Rainfarn, Wermut, Gartenraute und Rosmarin aufhängen. Das mögen Flöhe und Co. gar nicht.

Urlaub und Alter

Meerschweinchen in allen Lebenslagen

Meerschweinchen verlassen sich gerne auf vertraute Situationen und Rituale. Alles Neue verunsichert sie. Wir dagegen mögen die Abwechslung und sehnen uns wenigstens einmal im Jahr nach einem richtigen Urlaub. Wie kann man diese beiden Vorlieben unter einen Hut bringen?

Urlaub – am liebsten im eigenen Zuhause

Wenn Sie verreisen wollen, kümmern Sie sich am besten rechtzeitig um einen Meerschweinchen-Sitter. Am besten ist eine Person, die die Tiere schon kennt und weiß, was sie brauchen. Idealerweise kommt Ihre Urlaubsvertretung täglich und kümmert sich um die Meerschweinchen – so können die Tiere in ihrer vertrauten Umgebung bleiben.

Umzug mit Sack und Pack

Oder aber Ihre Meerschweinchen ziehen „mit Sack und Pack“ für die Zeit Ihrer Abwesenheit um, zum Beispiel zu Freunden, die sich gern um Ihre Meerschweinchen kümmern. Zeigen Sie ihnen vorher, was Ihre Meerschweinchen mögen, worauf sie achten müssen und lassen Sie die Telefonnummer Ihres Tierarztes da.

Meerschweinchenpension

Wenn Sie selbst niemanden kennen oder finden, dem Sie während Ihres Urlaubs Ihre Meerschweinchen anvertrauen können, schauen Sie sich nach einem Pensionsplatz um. Meerschweinchenhilfsorganisationen, Tierheime und auch Zoofachgeschäfte helfen Ihnen gerne, einen geeigneten Platz zu finden.

Meerschweinchen verreisen nicht gerne, am besten gefällt es ihnen zu Hause.

Meerlis auf Reisen

Wenn es gar nicht anders geht und es das Reiseziel zulässt (Tierarzt fragen), kommen die Meerschweinchen mit. Für den Transport benötigen Sie eine Transportbox, die unbedingt große Luftlöcher haben muss. Unterwegs dürfen weder Kälte noch Hitze den Meerschweinchen schaden und es muss immer ausreichend Heu und Wasser zur Verfügung stehen. Am Urlaubsziel angekommen, wohnen die Meerlies in ihrem üblichen Käfig – der muss also auch mit.

Wenn Meerschweinchen älter werden

Natürlich werden alle Meerschweinchen auch einmal alt. Manchmal beginnt die merkliche Alterung schon zwischen dem fünften und sechsten Lebensjahr, bei anderen Tieren zeigen sich erste Anzeichen erst mit sieben.

Alterserscheinungen

Ältere Meerschweinchen haben ein geringeres Bewegungsbedürfnis, sie klettern nicht mehr gerne über Hindernisse oder auf erhöhte Aussichtsplätze. Um älteren Tieren ein bisschen zu helfen, können Sie den Ein- und Ausstieg in den Käfig mit einer kleinen Rampe erleichtern und auch Futter- und Wasserbehälter niedriger anbringen. Auch wenn es mit dem Herumtollen nicht mehr klappt, braucht ein altes Tier dennoch Bewegung und es legt oft sehr viel Wert auf ausgiebige Schmuseeinheiten.Wenn massive Kaubeschwerden auftreten, muss man das mit dem Tierarzt besprechen und eventuell auf püriertes oder geschrotetes Futter oder noch vitaminreicheres Saftfutter umstellen. Darunter mischt man sehr fein geschnittenes Heu.

Vitaminreiches Futter ist für ältere Meerschweinchen ganz besonders wichtig.

Tipp

Senioren-WG

Auch ein altes Meerschweinchen braucht seine Artgenossen.
Oft werden ältere Tiere sogar wieder vitaler, wenn ein jüngeres Tier dazukommt. Meerschweinchenhilfsorganisationen stehen Ihnen in dieser Phase gerne mit Rat und Tat zur Seite.

Abschied

Alte Meerschweinchen sterben meistens ohne merkliche Leiden im Schlaf. Kindern – aber auch sich selbst – kann man sagen, dass dies zu jedem Leben gehört, dass das Meerschweinchen aber keine Angst vor dem Sterben hat. Lassen Sie die Trauer zu und legen Sie ein kleines Grab an, um von Ihrem lieb gewonnenen Meerschweinchen Abschied zu nehmen.

Zwei, drei, viele

Die Sache mit dem Nachwuchs

In einer reinen Weibchen- oder Böckchen-WG müssen Sie nicht mit ungewolltem Nachwuchs rechnen.

Meerschweinchenbabys sind ganz schön niedlich. Doch die Zucht sollte man trotzdem den Züchtern überlassen.

Meerschweinchenbabys sind so süß! Trotzdem darf man sich nicht dazu verleiten lassen, einfach wild draufloszuzüchten. Meerschweinchen sind sehr vermehrungsfreudig und schneller als einem lieb ist muss man eine ständig wachsende Sippe beherbergen. Um das zu verhindern, werden die Böckchen frühzeitig kastriert – oder Sie entscheiden sich für eine reine Frauen- oder Männer-WG.

Getrennte Unterkunft

Und wer möchte schon eine Vielzahl ungewollter Meerschweinchen, für die man schon bald kein neues Zuhause mehr findet? Wenn Sie Meerschweinchen kaufen, müssen Sie deshalb auch ganz besonders darauf achten, dass die Geschlechter getrennt gehalten werden. Sonst könnte es passieren, dass Sie ein schon trächtiges Weibchen mit nach Hause nehmen.

Ganz schön frühreif

Meerschweinchen werden sehr früh geschlechtsreif. Mit vier Wochen, also ab einem Gewicht von ca. 300 g, sind Böckchen zeugungsfähig und Meerschweinmädchen können schon trächtig werden. Deshalb ist es wichtig, Jungtiere früh nach Geschlechtern zu trennen oder die Böckchen kastrieren zu lassen. Ansonsten wird sich die Sippe bald explosionsartig vermehren.

Wie alles anfängt …

Und wenn man nicht aufpasst, was passiert dann? Verliebte Böckchen werben auffallend um die Gunst eines Meerschwein-Weibchens: Sie umkreisen sie schmeichelnd, suchen Körperkontakt, stelzen angeberisch umher, brummen und tuckern. Werden sie von ihrer Liebsten erhört, geht alles ganz schnell und nach 65 bis 72 Tagen sind die Babys da.

Meerschweinchen-Babys haben es eilig

Meerschweinchen werden mit offenen Augen, voll entwickeltem Fell und sogar schon mit den „bleibenden" Nagezähnen geboren. Sie können hören und riechen und antworten auf die Stimmfühlungslaute ihrer Mutter. Wenn sie sich allein gelassen fühlen, jammern sie laut.

Milch und mehr

Meerschweinchenbabys werden von ihrer Mutter drei bis vier Wochen lang gesäugt. Eine Meerschweinchenmutter hat nur zwei Zitzen, die sich die Kleinen teilen müssen, doch trotzdem kommt es kaum zu Streitereien um die Milchquelle. Gleichzeitig knabbern kleine Meerschweinchen schon ab dem zweiten Lebenstag an allem, was die Mutter frisst. Das Futterangebot für eine kleine Meerschweinchenfamilie soll also möglichst abwechslungsreich sein, damit die Kleinen schon früh alle möglichen Futterarten kennen lernen.

Lernen fürs Leben

Während der ersten Lebenswochen lernen Meerschweinchen fast alles, was sie fürs Leben brauchen. In der Sippe üben sie meerschweinchengerechtes Sozialverhalten und Kommunikation.

→ Der kleine Unterschied

Die Geschlechtsbestimmung bei Meerschweinchen, besonders bei jungen Tieren, ist nicht ganz einfach. Mit etwas Erfahrung erkennt man, wenn man die Geschlechtsregion vorsichtig länglich auseinanderzieht, bei Weibchen ein „Y"(Bild oben), bei Männchen ein „i" (Bild unten). Bei vielen Männchen kann man den Penis ausstülpen – das klappt jedoch nicht immer. Wenn Sie sich bei der Geschlechtsbestimmung unsicher sind, ziehen Sie einen Tierarzt oder einen erfahrenen Meerschweinchenhalter zu Rate.

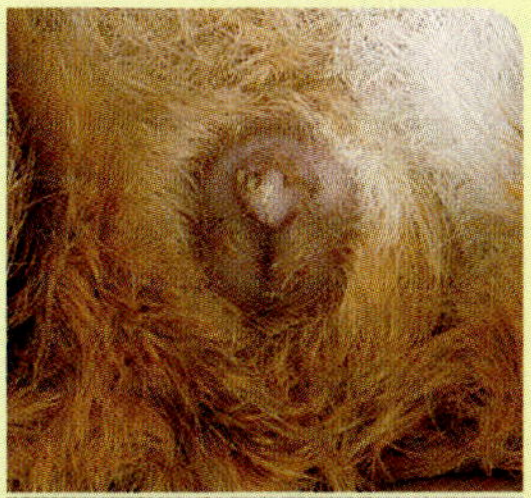

Neben dieser innerartlichen Prägung sollten die Kleinen aber auch Menschen, fremde Geräusche und Gerüche kennen lernen. Je enger der Kontakt während der Prägephase zu den Menschen ist, desto schneller und leichter werden die jungen Meerschweinchen handzahm.

Hinaus in die Welt

Mit sechs bis acht Wochen, dann wiegen sie etwa 500 g, dürfen die Jungen in neue Familien abgegeben werden. Jetzt haben sie genug gelernt und sind selbstständig genug, um auf eigenen Beinen die Welt zu entdecken.

Verantwortungsvolle Zucht

Die artgerechte Vermehrung von Meerschweinchen sollte man unbedingt erfahrenen Züchtern überlassen und nicht einfach selbst „mal ausprobieren". Züchter wissen, welche Pärchen gut zusammenpassen, wie sie mit trächtigen Weibchen und neu geborenen Jungen umgehen müssen. Ein Züchter kann der Meerschweinchenfamilie die richtige Umgebung bieten und wird für die Jungen, wenn sie alt genug sind, ein neues, liebevolles Zuhause finden.

Auf einen Blick

Mein Pflegeplan

Tagesration für ein Meerschweinchen

Aus diesen Komponenten können Sie für Ihre Meerschweinchen jeden Tag ein neues abwechslungsreiches Menü zusammenstellen.

- → **Grünes und Kräuter**
  Ein dickes Sträußchen aus z. B. Löwenzahn, Kamille, Schafgarbe, Huflattich, Karottengrün.
- → **Knackiges Gemüse**
  Eine Karotte oder 1/4 Fenchel oder 2–3 Brokkoliröschen oder 1/4 Paprika oder ein 5-cm-Stück Gurke (geschält).
- → **Saftiges Obst**
  1/4 Apfel oder 5 Weintrauben oder 1/4 Birne oder 2–3 Erdbeeren.
- → **Trockenfutter**
  Ein Esslöffel – wählen Sie eine Mischung aus pflanzlichen Pellets ohne Getreidekörner.
- → **Heu und Wasser**
  gibt es immer zur freien Verfügung.

Täglich

Futter

Morgens und abends je die Hälfte der Tagesration füttern und die Heuraufe auffüllen. Dabei auch gleich die Futterreste und feuchtes Heu entfernen und die Futternäpfe mit heißem Wasser reinigen.

Wasser

Mindestens einmal am Tag die Trinkgefäße mit frischem Wasser füllen. Vorher Trinkflasche oder -napf gründlich mit heißem Wasser spülen.

Freilauf

Für mindestens zwei bis drei Stunden am Tag heißt es „raus aus dem Käfig“. Die Meerschweinchen bekommen Freilauf in der Wohnung, im Sommer vielleicht auch im Garten oder auf dem Balkon. Davor, danach oder auch währenddessen wird ausgiebig gestreichelt, geschmust und gespielt.

Gesundheits-Check

Augen klar? Ohren sauber? Fell glänzend? Bauch weich? Verhalten sich die Schweinchen normal? Bei der Schmusestunde wird gleich geprüft, ob die Meerschweinchen fit sind.

Wöchentlich

Hausputz

Einmal wöchentlich die Einstreu komplett austauschen. Dabei die Bodenschale mit heißem Wasser reinigen. Wichtig: Verwenden Sie zur Reinigung – auch der Näpfe und Trinkflasche – keine scharfen Putzmittel. Klares, heißes Wasser reicht aus.

Pflege

Die ausführliche Körperkontrolle findet einmal die Woche statt: Begutachten Sie Fell und Haut, Augen, Ohren, Nase, Zähne, Pfoten und Krallen, Po- und Genitalbereich genau. Langhaarmeerschweinchen werden gekämmt oder gebürstet und ihr Fell wird, wenn nötig, auf einige Millimeter über dem Boden gekürzt.

Monatlich

Reinigung

Alles Zubehör und sämtliche Einrichtungsgegenstände kontrollieren. Beschädigte, zernagte oder sehr schmutzige Gegenstände werden gegen neue ausgetauscht.

Beschäftigung

Sorgen Sie für Abwechslung: Zubehör, das die Meerschweinchen zur Beschäftigung anregen soll, wie Tonröhren, Baumstämme etc., immer wieder auswechseln. Und lassen Sie sich ab und zu mal kleine Überraschungen wie eine Futtergirlande einfallen.

3

Verstehen & beschäftigen

Hellwach und flink

Typisch Meerschweinchen

Sehen, hören, riechen – mit wachen Sinnen entdecken Meerschweinchen ihre Welt.

Je mehr man über sein Tier weiß und je besser man es versteht, desto mehr Spaß macht es, sich mit ihm zu beschäftigen. Also Augen, Ohren, Nasen auf! Was können uns Meerschweinchen alles erzählen?

Meerschweinchen sind Fluchttiere

Meerschweinchen sind klein und weder stark noch mutig. Was werden sie also bei Gefahr tun? Genau: Sie nehmen ihre kleinen Beinchen in die Hand und suchen ihr Heil in der Flucht! Meerschweinchen sind Fluchttiere und werden immer dann, wenn sie sich bedroht fühlen, so schnell wie möglich in ihrem Versteck verschwinden. Und bedroht fühlen sie sich nicht nur durch ihre natürlichen Feinde – die ihnen in unserer Obhut ja nie begegnen sollten –, sondern auch durch laute, ungewohnte Geräusche, neue Gerüche, plötzliche Bewegungen oder eine große menschliche Hand, die sich ihnen, wie ein Adler, von oben nähert und nach ihnen greift.

Fühlt sich ein Meerschweinchen bedroht, verschwindet es schnell in seinem schützenden Unterschlupf.

Schau mir in die Augen, Kleines

Große Angst haben Meerschweinchen vor allem, was von oben kommt – wie die Greifvögel ihrer wilden Heimat. Deshalb begegnen Sie Ihren Meerlis am besten auf Augenhöhe. Also: Zum Spielen und Kuscheln auf den Boden und den Käfig erhöht stellen. Wenn Sie die Meerschweinchen dann an alles Neue – das neue Zuhause, die fremden Geräusche und Gerüche, verschiedene Menschen und vielleicht andere Haustiere – vorsichtig gewöhnen, werden sie schnell zahm und zutraulich.

Kurzsichtig mit Rundumblick

Meerschweinchen sehen in die Ferne nicht besonders gut, sind also etwas kurzsichtig. Dafür können sie Bewegungen sehr gut wahrnehmen – und das fast rundum. Da ihre Augen seitlich am Kopf sitzen, haben sie beinahe eine 360-Grad-Rundumsicht.

Dazu müssen sie noch nicht einmal den Kopf drehen. Allerdings können sie nur schlecht räumlich sehen. Kanten und Stufen werden erst spät wahrgenommen. Auch Farben – rot, grün und blau – können sie unterschieden. Machen Sie doch mal den Test (S. 66).

Supernasen

Meerschweinchen können gut riechen. Über die Nase orientieren sie sich und nehmen jede Menge Informationen auf: Wo gibt es Futter? Wo sind meine Sippenmitglieder? Wie geht es ihnen? Wo verstecken sich Feinde? Fremde Gerüche – Rauch, Küchendünste, Putzmittel – stinken ihnen gewaltig.

Kleiner Lauschangriff

Meerschweinchen kommunizieren untereinander mit einer großen Palette unterschiedlichster Töne. Und wer so viel zu sagen hat, muss auch gut (zu)hören können. Mit ihrem hochempfindlichen Gehör entgeht ihnen kaum etwas – schon gar nicht das leise Rascheln der Futtertüte. Etwas Rücksichtnahme verlangen Meerschweinchenohren auch: extrem hochfrequente Töne (z. B. das Pfeifen des Fernsehers) sind für sie unangenehm, Lärm macht ihnen Angst.

→ *Duftsprache*

Meerschweinchen kommunizieren auch mit Hilfe von Duftmarken untereinander: Familienangehörige und Fremde werden so voneinander unterschieden, das Revier wird markiert. Paarungsbereite Weibchen locken Männchen über so genannte Pheromone an und Böckchen „beduften" ihr erwähltes Weibchen mit Urin.

Leckermäulchen

Sie werden bald feststellen: Meerschweinchen sind echte Feinschmecker mit ganz besonderen Vorlieben und Abneigungen. Manches mögen sie besonders gern, anderes – vor allem saures – lehnen sie angewidert ab, manche ziehen sogar richtige Grimassen. Leider fressen Meerschweinchen auch Dinge, die ihnen nicht bekommen – Hauptsache, es schmeckt. Deshalb ist es wichtig, alles außer Reichweite zu bringen, was nicht in einen Meerschweinchenmagen gehört!

Meerschweinchen haben Supernasen. Der Duft der Gurke entgeht diesem Schweinchen ganz bestimmt nicht.

Mit Feingefühl

Bei Katzen würde man „Schnurrhaare" sagen und auch Meerschweinchen besitzen diese empfindlichen Tasthaare rechts und links der Nase. Mit ihnen können sie auch in der Dunkelheit ihre Umgebung erspüren. Die Tasthaare sind in etwa so breit wie der Körper. So kann ein Meerschweinchen, wenn es seinen Kopf irgendwo hineinsteckt, abschätzen, ob der Rest des Körpers auch hindurchpasst. Niemals darf man an diesen Haaren zupfen oder sie gar abschneiden!

„Ja, wer bist Du denn?" Duftbotschaften spielen bei Meerschweinchen eine wichtige Rolle. Während sie sich umkreisend beschnuppern, errfahren sie eine Menge über ihren Kumpan.

EXTRA

Meerschweinchen-Dolmetscher

Meerschweinchensprache

- Als Erstes wird Ihnen auffallen: Sie „tönen" im Umgang mit ihresgleichen anders als mit den Menschen.
- Ein einzelnes Tier pfeift, um auf sich aufmerksam zu machen, und fordert sein Recht mit lautem Pfeifen und Quieken.
- Untereinander kommunizieren sie lauthals oder geben so genannte Stimmfühlungslaute von sich, die dem gegenseitigen Erkennen dienen.
- Am frühen Morgen, gleich nach dem Aufwachen, begrüßen sich die Tierchen mit leisem Kontaktgrunzen und Glucksen.
- Bei der Futtersuche sind Erkennungs- und Futteranzeigelaute zu hören.
- Wenn Jungtiere ihre Eltern vermissen, geben sie sofort einen „Suchlaut" von sich, der sich wie ein helles Fiepen anhört. Die Mutter eilt dann herbei, um nach dem Rechten zu sehen, und gluckst dabei beruhigend: „Alles wieder in Ordnung!"
- Bei vermeintlicher Gefahr ertönt schon einmal ein lauter, durchdringender Warnpfiff vom „Wachhabenden", die Sippe verschwindet schnell im Versteck. Meerschweinchen lösen sich etwa alle zehn Minuten beim Wachdienst ab, damit sie nicht so lange Wache schieben müssen.

- Nahrungsfunde werden auch stimmlich an die anderen Tiere weitergemeldet.
- Wie auf Kommando kann die ganze Gruppe in einen Pfeiflaut einstimmen.
- Bei der Werbung und Brunft geben Meerschweinchen knarrende, gurrende und grunzende Töne mit vielen Nuancierungen ab.
- Lautes Zähnewetzen – dabei wird der Kopf gehoben und das Meerschweinchen trippelt herum – ist eine deutliche Warnung.
- Schmerz und Angst werden mit lautem, angstvollem Quietschen oder durch Zähneknirschen artikuliert.
- Chirpen ist ein selten zu hörender Laut: Es klingt ähnlich wie das Schimpfen einer Amsel und drückt Frust und Stress aus. Das ganze Tier zittert dabei.
- Wenn man Meerschweinchen streichelt, so scheint es, als könnten sie richtig zufrieden vor sich hin murmeln, grunzen und glucksen.
- Wenn sich die Gruppe abends eng aneinander gekuschelt zum Schlafen legt, herrschen nur noch die leisen Töne vor. Selbst nachts hört man manchmal noch ein leises Zirpen oder Zwitschern.
- Es gibt Glucksen, Gurren, Grunzen, Pfeifen und Quieken mit allerlei „Zwischentönen“, die bislang jedoch noch nicht allesamt in ihrer Bedeutung erforscht sind.

Hund, Katze, Maus

Meerschweinchen schließen Freundschaft

Schon mehr als einmal haben Sie es gelesen: Meerschweinchen wollen nicht alleine sein. Mindestens zu zweit, noch besser in einer kleinen Gruppe, fühlen sie sich wohl. Gerne haben sie aber auch Kontakt zu Menschen, und es soll sogar schon dicke Freundschaften zwischen Meerschweinchen und anderen Tieren gegeben haben.

„Na, wer bist du denn?“ Der Duft verrät es.

Gleich und gleich gesellt sich gern

Natürlich leben Meerschweinchen am liebsten in Gesellschaft anderer Meerschweinchen. Am einfachsten ist es, zwei Tiere zu sich zu nehmen, die sich schon kennen. Doch wie ist es, wenn man fremde Tiere aneinander gewöhnen will? Da Meerschweinchen stark über Düfte kommunizieren, klappt die Gewöhnung aneinander am besten, wenn man ihnen den gleichen Geruch verpasst. Dafür wird erst das eine, dann dass andere Meerschweinchen gestreichelt und so die Eigengerüche der beiden miteinander vermischt. Am besten lernen sie sich beim Freilauf kennen. Sie können sich in Ruhe beschnuppern, und falls es doch zu kleinen Auseinandersetzungen kommt, kann der Unterlegene das Weite suchen. In einem engen Käfig käme es unter Umständen zu heftigen Kämpfen. Mehr dazu lesen Sie auch auf S. 14.

Nager unter sich

Auf die gleiche Weise können Sie vorgehen, wenn Sie Meerschweinchen und Zwergkaninchen aneinander gewöhnen wollen. Beim Freilauf harmonieren die beiden Arten sehr gut, sie sollten aber trotzdem jeweils mit einem Artgenossen in getrennten Käfigen gehalten werden.

Meerschweinchen und Zwergkaninchen können gute Freunde werden – aber bitte nur beim Freilauf, nicht im gemeinsamen Käfig.

Hund, Katze, Maus – Meerlis und andere Tiere

Völlig unterschiedliche Tiere können durchaus zu dicken Freunden werden. Noch bevor sich die Tiere sehen, sollten sie sich bereits riechen können. Ihre Hand dient dabei als Überbringer dufter Botschaften: Mit der einen Hand streichelt man das Meerschweinchen und lässt dann Hund oder Katze daran schnuppern. Dabei streichelt man über das Fell von Hund oder Katze und dieser Geruch wird anschließend dem Meerschweinchen vorgehalten.

Erste Begegnung

Nun kann man den nächsten Schritt wagen und die Tiere zusammenbringen. Dabei bleibt das Meerschweinchen zunächst im geschlossenen Heim. Hunde und Katzen dürfen unter Aufsicht vorsichtig an dem Käfig schnuppern. Nachdem die beiderseitige Neugier in der Regel schnell befriedigt ist, werden alle Beteiligten ausführlich gelobt und belohnt. So entstehen für beide positive Verknüpfungen. Erst dann, wenn der Kontakt auf beiden Seiten völlig entspannt und unaufgeregt vonstatten geht, kann der Kontakt ohne trennende Gitter vertieft werden.

→ Freilauf unter Aufsicht

Egal wie gut sich Meerschweinchen und Hund oder Katze verstehen: Lassen Sie diese so unterschiedlichen Tiere niemals unbeaufsichtigt miteinander alleine. Meerschweinchen gehören in das Beuteschema von Hunden und Katzen. Man kann nie ausschließen, dass der Jagdtrieb plötzlich die Freundschaft vergessen lässt und das Meerschweinchen gehetzt oder sogar gebissen wird.

Auf den Arm genommen

Meerschweinchen mögen meistens den Kontakt mit ihren Menschen. Dabei ist es natürlich auch wichtig, die Tiere richtig hochzuheben und sicher zu tragen. So geht's:

Richtig tragen

Streicheln Sie das Meerschweinchen, damit es sich darauf vorbereiten kann, dass gleich etwas passiert. Dann greifen Sie von der Seite her mit einer Hand unter die Brust. Die Brust wird dabei nur leicht mit der Hand umschlossen, drücken Sie nicht zu! Dann heben Sie das Meerschweinchen leicht an und schieben die zweite Hand unter sein Hinterteil. Nun sitzt es wie in einer Schale, und Sie können es hochheben. Sie können das Schweinchen bequem mit dem Unterarm abstützen. Solange das Meerschweinchen auf dem Arm ist, lässt man immer eine Hand auf dem Körper liegen, damit es bei einer plötzlichen Bewegung nicht herunterfallen kann. Einfach hängend an den Vorderbeinen oder am Nackenfell darf ein Meerschweinchen niemals getragen werden, denn das tut den Tieren weh. Zeigen Sie allen, die mit den Tieren zu tun haben, wie man sie richtig hochnimmt und trägt.

Richtig tragen: Eine Hand stützt den Po, die andere liegt locker über dem Körper.

Auf die Plätze, fertig – los!

Freilauf in der Wohnung

Beim täglichen Freilauf in der Wohnung gibt es immer wieder etwas Neues zu Entdecken.

Sorgen Sie für Abwechslung beim Freilauf: Kartons als Höhlen, Röhren als Tunnel und ein paar versteckte Leckerbissen animieren auch das faulste Meerschweinchen.

Meerschweinchen brauchen Bewegung! Ihre wilden Verwandten sind einen Großteil des Tages in ihrem Revier auf Achse, um Futter zu suchen. Diesen Bewegungsdrang haben auch unsere Hausmeerschweinchen immer noch und müssen ihn ausleben.

Freilauf, die beste Gesundheitsvorsorge

Sobald sich Ihre Meerschweinchen gut eingewöhnt haben, sich gerne streicheln lassen, Futter aus der Hand nehmen und nicht mehr handscheu sind, wird es Zeit für den so wichtigen Auslauf in der Wohnung. Meerschweinchen müssen ihren Bewegungsdrang und ihre Neugierde regelmäßig ausleben können. Ohne Umgebungsreize verkümmern ihre Sinne, sie werden träge, verfetten und sind krankheitsanfällig. Zwei bis drei Stunden am Tag außerhalb des Käfigs – egal ob in der Wohnung oder in einem Gehege im Garten – sollten es schon sein.

Stubenreinheit

Mit etwas Geduld lernen Meerschweinchen, stubenrein zu werden. Haben Sie beim Freilauf die Möglichkeit, jederzeit in ihren Käfig zurückkehren zu können, klappt es manchmal auch ganz von alleine.

Nagerklo macht Meerschwein froh

Sie können für Ihre Meerschweinchen beim Freilauf auch eine Toilettenschale, zum Beispiel ein kleines Nagerklo, aufstellen.

Tipp

Gemeinsam auf Achse

Ideal ist es, wenn Meerschweinchen gemeinsam die Welt entdecken und auch selbst wieder in den Käfig zurückkehren können, wenn ihnen danach ist.

Tipp
Wasser, Heu und Häuschen

Auch beim Freilauf müssen Ihre Meerschweinchen die Möglichkeit haben, etwas zu trinken und Heu zu knabbern. Und auch ein Unterschlupf, in den sie sich jederzeit zurückziehen können, ist nötig. Stellen Sie dies alles gut erreichbar außerhalb des Käfigs auf.

Malheure beseitigen

Ganz ohne Pfützen und Böhnchen wird es sicher nicht gehen. Schimpfen Sie Ihre Meerschweinchen auf keinen Fall, das verschreckt sie nur. Die Böhnchen lassen sich leicht aufkehren oder wegsaugen. Urinpfützen tupft man auf und reibt mit heißem Wasser und etwas Seifenlauge nach.

Dort hinein geben Sie die übliche Einstreu und ein wenig verschmutzte Streu aus der Kloecke des Käfigs – dann wissen die Meerlis, was hier hineingehört. Wenn Sie beim Freilauf beobachten, dass sich eines der Schweinchen lösen will – es verharrt dann auffallend ruhig an einer Stelle – setzen Sie es schnell in seine Toilette. Bei Erfolg wird es gelobt und bekommt dort eine Belohnung. Die von Natur aus sehr sauberen Meerschweinchen verstehen meist ganz schnell, was man von ihnen will.

Ein Meerschweinchen-Parcour aus Kartons und Röhren – Spaß für Groß und Klein!

Die meerschweinchensichere Wohnung

Bevor Ihre Meerlis auf Entdeckungsreise gehen, machen Sie Ihre Wohnung – oder zumindest ein Zimmer – meerschweinchensicher.

- → Elektrokabel müssen so verlegt werden, dass die Meerschweinchen nicht daran nagen können.
- → Verhindern Sie, dass Tapeten, Farben, Lacke oder Pressspanplatten angeknabbert werden.
- → Schließen Sie Schranktüren und Schubläden und versperren Sie enge Spalten und Ritzen.
- → Bringen Sie giftige Substanzen wie Putzmittel, Medikamente etc. außer Reichweite.
- → Räumen Sie Kinderspielzeug weg.
- → Viele Zimmerpflanzen sind giftig. Lassen Sie Ihre Tiere grundsätzlich nicht daran knabbern!
- → Türen vorsichtig öffnen: Die Meerschweinchen dürfen nicht eingeklemmt werden!
- → Wollen Sie den Bewegungsradius der Meerlis etwas begrenzen, stellen Sie das Freigehege aus dem Garten einfach in der Wohnung auf.
- → Rutschige Böden oder sehr hochflorige Teppiche (die Meerschweinchen bleiben darin mit den Krallen hängen) kann man mit Strohmatten oder Flickenteppichen aus Baumwolle abdecken.
- → Für stubenreine Meerschweinchen stellt man eine Toilettenschale auf.
- → Und zu guter Letzt: Lassen Sie die Meerschweinchen nie ohne Aufsicht!

Oben drüber – unten durch

Abenteuerspielplatz für Meerlis

Freilauf macht Spaß! Doch irgendwann kennen Ihre Meerschweinchen auch den letzten Winkel der Wohnung – spätestens dann wird es Zeit für mehr Abwechslung. Mit einfachen Mitteln und etwas Fantasie gestalten Sie Ihren Meerschweinchen einen spannenden Abenteuerspielplatz, der immer wieder zu neuen Entdeckungstouren einlädt.

Höhlenforscher

Meerschweinchen als Höhlenbewohner lieben alle dunklen Löcher, in die man hineinkriechen kann. Also her damit: Ton-, Kork- oder Holzröhren, Kartons, in die Sie einen Ein- und Ausgang schneiden, aus Stroh geflochtene Kobel oder verschiedene Schlafhäuschen laden kleine Höhlenforscher zu Expeditionen ein.

Ein Höhlenforscher auf Entdeckungstour

Tipp

Spaß für drinnen und draußen

Alle Spiel- und Beschäftigungsideen eignen sich sowohl für einen Abenteuerspielplatz in der Wohnung als auch für den Freilauf im Garten. Materialien, die feuchteempfindlich sind, wie Pappe oder Kobel aus Stroh, sollten Sie aber immer wieder mit nach drinnen nehmen.

Klettermaxe

Auf fast alles, in das man hineinkriechen kann, kann man auch hinaufklettern. Sie werden sehen, Ihre Meerschweinchen erforschen ihr Höhlenspielzeug auch von außen. Aus mehreren Ziegelsteinen können Sie eine Treppe bauen oder legen Sie ein Brett als nicht zu steile Rampe schräg auf ein Schlafhäuschen. Der positive Nebeneffekt dieser Klettereien: Die Krallen der Meerschweinchen nützen sich auf den rauen Untergründen besser ab als auf der weichen Käfigstreu.

Urwaldexpedition

Besorgen Sie ein Bündel belaubter Zweige – am besten von ungespritzten Obstbäumen, Buche, Haselnuss oder Weiden – und schichten Sie es für den Freilauf auf. Hinein geht's in den Urwald!

Fitness-Food

Meerschweinchen finden auf ihren täglichen Rundgängen gerne etwas zu knabbern. Damit der Abenteuerspielplatz jedoch nicht einfach zum Schlaraffenland wird, sollen sich die Meerlis für ihre Leckerbissen ruhig etwas anstrengen. Zum Beispiel so:

- → Futterstückchen werden nicht einfach im Napf serviert, sondern im ganzen Raum versteckt.
- → Füllen Sie ein Span- oder Weidenkörbchen mit Heu und verstecken Sie darunter kleine Gemüsestückchen.
- → Binden Sie Petersilie zu einem Sträußchen und hängen Sie es so auf, dass die Meerschweinchen sich recken und strecken müssen, um davon zu naschen.
- → Auch eine an einem erhöhten Platz eingeklemmte Karotte regt zum „Stretching" an.
- → Unter einer umgedrehten kleinen Schachtel können Sie Leckerbissen verstecken. Finden sie die Schweinchen?
- → Stopfen Sie Heu in eine kleine Tonröhre oder eine leere Klopapierrolle – die Meerlis müssen es dann wieder Halm für Halm herauszupfen.

Die Meerschweinchen können unter den Ästen und Zweigen durchlaufen, sich daran aufrichten und nebenher Blätter, Knospen und Rinde knabbern. Außerdem fühlen sie sich ganz wohl unter dem schützenden Dach aus Zweigen und Blättern.

Beach-Party

Sie benötigen eine flache Schale – z. B. ein kleines Katzenklo oder einen großen Blumentopfuntersetzer – und feinen, trockenen Sand. Am besten besorgen Sie sich „Chinchilla-Badesand" aus dem Zoofachhandel, einfach Sand aus der Buddelkiste des Spielplatzes ist nicht geeignet und in der Regel auch zu schmutzig. Füllen Sie die Schale mit Sand und stellen Sie sie für Ihre Meerschweinchen auf. Los geht die Beach-Party: Die Meerlis schnüffeln, erforschen den neuen Untergrund und werden vielleicht sogar – sich genüsslich wälzend – ein ausgiebiges Sandbad nehmen. Achtung: Dabei bleibt natürlich nicht aller Sand in der Schale! Deshalb ist dieses Vergnügen ganz besonders für den Freilauf im Gartenfreigehege geeignet.

Kletterpartie mit Snackpause – so macht Freilauf noch mehr Spaß.

Für **KIDS**

Meerschweinchen-Zirkus „Manege frei"

Meerschweinchen sind ganz schön schlau!

Hast Du nicht Lust, auch anderen zu zeigen, was sie alles können? Dann trainiere mit ihnen diese Kunststücke und schon bald heißt es „Manege frei" für Deinen Meerschweinchen-Zirkus.

Seiltänzer

Du brauchst zwei Ziegelsteine oder auch zwei Holzröhren und ein ca. 15 cm breites Brett oder eine kleine Hängebrücke. Stelle die Röhren im Abstand zueinander auf und lege die Hängebrücke darüber. Nun sollen Deine Meerschweinchen über diese Brücke laufen. Anfangs musst Du sie vielleicht noch mit einem Leckerbissen locken, aber bald schon können sie es auch alleine.

Hürdenläufer

Locke Deine Meerschweinchen mit einem Leckerbissen über ein Hindernis. Gib dazu ein Kommando: „Allez hopp!" Und bald werden sie bei diesem Kommando über alle möglichen Hindernisse klettern – auch über Deine Beine.

Löwensprung

Besorge Dir einen kleinen Reifen und bring Deinen Meerschweinchen bei, hindurchzuklettern. Zuerst steht der Reifen noch auf dem Boden, nach und nach kannst Du ihn dann ein bisschen höher halten. Na, wie hoch schaffen es Deine Meerschweinchen?

Abschiedsgruß

So richtig Männchen wie Kaninchen machen Meerschweinchen zwar nicht, doch sie können sich durchaus kurz auf den Hinterbeinen aufrichten. Mit einem Stückchen ihres Lieblingsfutters, das Du ihnen über die Nase hältst, kannst Du sie schnell dazu bringen. Sie dürfen sich an Deinem Bein auch ein wenig abstützen. Das wird der Abschiedsgruß Deiner Meerschweinchen-Artisten.

Spielregeln für Meerschweinchen-Dompteure

Damit auch Deine Meerlis Spaß am Zirkus haben, beachte bitte diese Regeln:

- Zwinge Deine Meerschweinchen nie zu etwas, das sie nicht wollen.
- Belohne sie für jeden Erfolg mit Streicheleinheiten und einem kleinen Leckerbissen.
- Übe nie zu lange, sonst verlieren Deine Tiere die Lust.
- Übe aber regelmäßig, damit Deine Meerschweinchen die Tricks nicht gleich wieder vergessen.

Spielerisch lernen

Gehirn-Jogging für schlaue Schweinchen

Ihre Meerlis bekommen das beste, abwechslungsreichste Futter, sie leben in einem großzügigen Käfig mit viel Freilauf und dürfen sich regelmäßig auf einem spannenden Abenteuerspielplatz austoben. Nun wollen wir doch auch noch sehen, wie schlau die kleinen Schweinchen sind und was sie alles lernen können.

Meerschweinchen können Farben unterscheiden und lernen schnell: „Bei Gelb gibt's was zu futtern".

Durchs Labyrinth

Bauen Sie aus Pappkartons ein Labyrinth für Ihre Meerschweinchen. Es muss gar nicht sehr kompliziert sein, sollte aber mindestens einen „falschen Weg" bzw. eine Sackgasse besitzen. Nun legen Sie an den Ausgang ein Stückchen Futter und lassen ein Schweinchen nach dem anderen den richtigen Weg suchen. Jetzt wird es interessant: Welches Meerschweinchen ist am schnellsten, welches braucht am längsten? Lernen die Tiere dazu und finden mit jedem Versuch den Weg schneller?

Rot, Blau, Gelb

Sie benötigen drei oder vier verschiedenfarbige Näpfe in den Farben Rot, Hell- und Dunkelblau und Gelb. Oder Sie bekleben vier gleiche Näpfe mit entsprechend farbigem Papier. Nun kommt nur in den gelben Napf etwas Futter. Natürlich werden Ihre Meerschweinchen durch Schnuppern schnell herausfinden, wo es etwas zu fressen gibt. Doch Sie werden sehen: Nach einiger Zeit laufen sie gezielt zum gelben Napf, egal wo er steht, auch wenn kein Futter drin ist.

Ganz schön pfiffig

Nun versuchen Sie dies: Jedes Mal, wenn Sie Ihre Meerschweinchen füttern, pfeifen Sie oder klingeln mit einer kleinen Glocke – noch bevor Sie das Futter in den Napf geben. Nach einiger Zeit probieren Sie aus, was passiert, wenn Sie nur pfeifen oder klingeln. Ziemlich sicher werden die Meerschweinchen auch jetzt wieder angelaufen kommen. Sie haben gelernt: Wenn es klingelt oder pfeift, gibt es gleich etwas zu futtern.

Meerschweinchen-Förderprogramm

Nach Ansicht von Tierpsychologen kann man Tiere durch gezielte Aufgaben und intensive Beschäftigung intelligenter machen. Voraussetzung: Die Tiere dürfen keine Angst vor ihrem „Trainer“ haben und müssen artgerecht gehalten werden. Sind diese Voraussetzungen erfüllt, kann das Meerschweinchen-Förderprogramm beginnen.

Viel Zeit und neue Ideen

Das allerwichtigste Mittel: Sie sollten sich so oft und so lang wie möglich mit Ihren Meerschweinchen beschäftigen, mit ihnen schmusen und spielen. Animieren Sie die Tiere immer wieder zu neuen “Leistungen”, denn Lernen fördert das Denkvermögen. Auch durch immer wieder neue Inneneinrichtung im Käfig oder anders aufgebaute Abenteuerspielplätze – viele Ideen hierzu finden Sie in diesem Buch – kann man die geistige Flexibilität steigern.

Test

Wie gut kennen Sie sich?

Und nun sind Sie dran: Wie gut kennen Sie Ihre Meerschweinchen? Und wie gut kennen Ihre Meerschweinchen Sie?

- ☐ **Meine Meerschweinchen fangen sofort an zu quieken, wenn ich komme.**
- ☐ **Bei leckerem Futter kommen meine Meerschweinchen sofort angerannt.**
- ☐ **Ich weiß genau, welches meiner Meerschweinchen das neugierigste ist.**
- ☐ **Ich weiß genau, welches meiner Meerschweinchen das ängstlichste ist.**
- ☐ **Meine Meerschweinchen lassen sich gerne streicheln und genießen jede Schmuseeinheit.**
- ☐ **Meine Meerschweinchen haben täglich Freilauf, den ich immer wieder abwechslungsreich gestalte.**
- ☐ **Neue Spiel- und Turngeräte erkunden meine Meerschweinchen neugierig und mit Begeisterung.**
- ☐ **Wenn ich mit der Hand im Heu raschle, kommen meine Meerschweinchen neugierig angelaufen.**
- ☐ **Wenn ich Leckereien im Käfig verstecke, suchen meine Meerschweinchen sofort danach.**

Können Sie auf all diese Aussagen mit „trifft zu“ antworten? Gratulation! Sie und Ihre Meerschweinchen sind ein wirklich fittes Team!

Auf einen Blick

Verstehen und beschäftigen

Mit allen Sinnen

Sehen

Meerschweinchen sind etwas kurzsichtig, haben dafür aber einen fast 360-Grad-Rundumblick und können Farben unterscheiden.

Hören

Meerschweinchen hören fantastisch, etwa so gut wie Hunde und Katzen. Man sollte in ihrer Gegenwart laute Geräusche und hochfrequente Töne vermeiden.

Riechen

Meerschweinchen sind Supernasen! Ein Großteil ihrer Kommunikation läuft über Duftbotschaften ab. Strenge Gerüche wie Putzmittel oder Zigarettenrauch stinken ihnen gewaltig.

Schmecken

Meerschweinchen sind Feinschmecker. Sie mögen die Abwechslung und entwickeln Vorlieben und Abneigungen.

Fühlen

Mit ihren empfindlichen Tasthaaren am Kopf können sie sich auch noch im Dunkeln zurechtfinden.

Geeignetes Spielmaterial für Meerschweinchen

Verwenden Sie für Käfigeinrichtung, Freilauf und Abenteuerspielplatz nur ungiftige Materialien, an denen die Meerschweinchen auch einmal bedenkenlos nagen könne. Geeignet sind:

- „Meerschweinchen-Möbel“ aus dem Zoofachhandel aus unbehandeltem Holz.
- Röhren aus Ton, Kork, Rinde oder Holz
- Kobel aus geflochtenem Stroh
- Körbe aus unbehandelten Weiden
- unbedruckte Pappen und Kartons
- saubere Ziegelsteine

Viel Spaß beim Freilauf

- Meerschweinchen müssen ihren Bewegungsdrang ausleben können, um gesund zu bleiben.
- 2–3 Stunden Freilauf am Tag sollten es sein.
- Freilauf – aber sicher! Beseitigen Sie alle Gefahren aus der Wohnung, bevor Ihre Meerschweinchen dort frei herumlaufen dürfen.
- Immer mal was Neues: Gestalten Sie den Freilauf für Ihre Meerschweinchen abwechslungsreich, indem Sie immer wieder neue Spiel- und Turngeräte aufbauen und sie mit versteckten Leckerbissen noch interessanter machen.
- Auch beim Freilauf: Immer Heu und Wasser sowie einen Unterschlupf zur Verfügung stellen.

Spiel- und Turngeräte

- Röhren aus Ton, Korkeichenrinde oder Holz eignen sich hervorragend zum Durchkriechen.
- Auf das Dach verschiedener Schlafhäuschen oder Treppen aus Ziegelsteinen können Meerschweinchen hinaufklettern.
- Äste und Zweige können beschnuppert und benagt werden.

- Ab und zu ein Sandbad genießen alle Meerschweinchen.
- Leckereien an erhöhten Stellen laden zum „Stretching“ ein.
- Werden Sie zum Spielgerät! Legen Sie sich auf den Boden und lassen Sie Ihre Meerschweinchen an Ihnen schnuppern, über Ihre Beine klettern, unter ihnen hindurchkriechen und zum Schluss ganz ausgiebig mit Ihnen kuscheln.

Bildnachweis

Die Farbfotos wurden von Ulrike Schanz extra für dieses Buch aufgenommen.
3 Farbfotos von Juniors Tierbild (S. 8 o., 21, 27 u.)

Impressum

Umschlaggestaltung von eStudio Calamar unter Verwendung von Farbfotos von Ulrike Schanz

Mit 156 Farbfotos.

Bibliografische Information Der Deutschen Nationalbibliothek
Die Deutsche Nationalbibliothek verzeichnet diese Publikation in der Deutschen Nationalbibliografie; detaillierte bibliografische Daten sind im Internet über http://dnb.ddb.de abrufbar.

Unser gesamtes lieferbares Programm und viele weitere Informationen zu unseren Büchern, Spielen, Experimentierkästen, DVDs, Autoren und Aktivitäten finden Sie unter **www.kosmos.de**

Gedruckt auf chlorfrei gebleichtem Papier

ISBN 978-3-440-10388-3
Redaktion: Alice Rieger
Textredaktion: Claudia Salata
Gestaltungskonzept: solutioncube GmbH, Reutlingen
Gestaltung & Satz: Atelier Krohmer, Dettingen/Erms
Produktion: Kirsten Raue / Eva Schmidt
Printed in Germany / Imprimé en Allemagne

Register

Meine Serviceseite

Internet

www.diebrain.de
Ausführliche und fundierte Informationen, Erfahrungsberichte, Fotos und Anleitungen, weitere Links

www.meerschweinchenhilfe.de
Hier finden Sie zahlreiche Ansprechpartner, die Sie rund um die Meerschweinchenhaltung beraten, und viele Meerschweinchen, die ein neues Zuhause suchen.

www.fraumeier.org
Bietet zahlreiche Tipps über artgerechte Haltung und Gesundheit.

Zum Weiterlesen

Alberts, Andreas und Peter Mullen:
Giftpflanzen in Natur und Garten. KOSMOS 2003.

Beck, Peter:
Meine Meerschweinchen. Rund um das Tier, gut versorgt, natürlich gesund, Spiel & Spaß, Verhalten verstehen. KOSMOS 2004.

Hensel, Wolfgang:
Deine Meerschweinchen. Was sie brauchen & was sie alles können. KOSMOS 2001.

Morgenegg, Ruth:
Artgerechte Haltung – ein Grundrecht auch für Meerschweinchen. Tb-Verlag 2003.

Stichmann-Marny, Ursula und Wilfried Stichmann:
Der KOSMOS-Pflanzenführer. KOSMOS 2006.

Toll, Claudia:
Meerschweinchen. Erleben – verstehen – beschäftigen. KOSMOS 2005.